コーヒーと楽しむ
心がほんのり明るくなる50の物語

西沢泰生

PHP文庫

○本表紙図柄＝ロゼッタ・ストーン（大英博物館蔵）
○本表紙デザイン＋紋章＝上田晃郷

いらっしゃいませ。
おや?
少しお疲れみたいですね。
さあ、どうぞ、こちらの席に。
コーヒーブレイクのひとときを、
ごゆっくりとお楽しみください。
この本をお供に……。

はじめに

スーッと楽になる、心のコーヒーブレイク

偶然に見つけた、時の流れから忘れられたような喫茶店。
木製の扉を開けてなかへ。
カランカランというドアベルの音が心地よい。

まるで昭和に戻ったかのようなレトロな店内。
流れてくるのは、耳に優しいクラシック。
ソファに腰かけると、店主が煎《い》れるコーヒーの香りが鼻をくすぐる。

忙しい毎日を、ほんのいっとき忘れ、心がほんのり明るくなる。
そんな、コーヒーブレイク。

この本には、そんな時間のお供になる、さらりと読める話を集めました。
1つのお話の長さは4ページ。
「コーヒーが冷めぬうち」に読み切れる長さです。

メニューは次の通り。

カフェオレの章
カフェオレとともに読みたい「気持ちがほっこりする話」

ブレンドコーヒーの章
ブレンドコーヒーとともに読みたい「クスっと笑えるゆるい話」

ブラックコーヒーの章
ブラックコーヒーとともに読みたい「へえ〜っとなる心が刺激される話」

エスプレッソの章
エスプレッソとともに読みたい「深くて考えさせられる話」

今日の気分はどのコーヒーですか？

ぜひ、お好きなページの気になる話からご賞味ください。

この本が、あなたの「コーヒーブレイク」の時間を、より素晴らしいものにするお手伝いができれば幸いです。

西沢泰生

コーヒーと楽しむ
心がほんのり明るくなる50の物語

目次

「気持ちがほっこりする話」

「クスっと笑えるゆるい話」

「へえ～っとなる心が刺激される話」

「深くて考えさせられる話」

「気持ちが
ほっこりする話」

カフェオレ
とともに読みたい

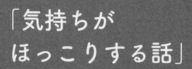

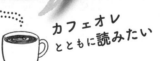

カフェで泣き叫ぶ赤ちゃんに、店員がやったこと

01

こんな経験はありませんか?

たとえば、デートとのとき。レストランで食事をしていたら、突然、店内に赤ちゃんの泣き声が……。

せっかく、イイ雰囲気だったのに、ムードは台無し。

赤ちゃんに罪は無いことはわかっていても、「なぜ、今泣く!」と思わないではいられないと思います。

ことわざに、「泣く子と地頭《じとう》には勝てぬ」ってありますよね。

地頭というのは、平安・鎌倉時代に荘園を管理し、税金を取り立てていた役人のこと。つまり、権力を振りかざして、やりたい放題、威張っていた面倒な相手で

す。

泣いている子どもは、そんな、やっかいな相手と同じくらい手ごわいのです。


さて。

これは、ある日、某カフェで原稿の執筆をしていたときに目撃した話。

突然、店内に響き渡る赤ちゃんの泣き声。

見れば、声の主は、つい今しがたまで、ベビーカーのなかでスヤスヤと眠っていた赤ちゃんです。

それが、今や、昔のテレビアニメ『ピュンピュン丸』に出てきたチビ丸のごとく（たとえが古くて失礼！）泣き叫んでいるのです。

母親は、なんとか泣き止ませようとして、「おー、よしよし」なんて言っていますが、これがなかなかどうして、泣き止みません。

周りの人たちも、どうしようもなく、固まっている状態。

と、1人の若い女性店員さんが母親に近づいていきます。

これはてっきり、「他のお客様のご迷惑になりますから、申し訳ありませんが、1度、外に出ていただいてもよろしいでしょうか……」って母親に言いにきたのかと思いました。

でも。

そうではなかったのです。

店員の手には、**2つの紙コップの口の部分を合わせて、セロテープでその部分を貼り合わせたもの**が。

どうも、なかに砂のようなものが入っているらしく、振ると、赤ちゃんをあやすときに使うおもちゃの「ガラガラ」のような音がするではありませんか。

店員は、それをお母さんに見せてこう言ったのです。

「これで、少しは、赤ちゃんの気がまぎれるかもしれませんので、どうぞ、お使いください」

おおっ！

店員さん、やるではありませんか！

しゃがんだ店員さんが、試しに赤ちゃんの目の前でそれをカラカラやってみると……。

それまで号泣していた赤ちゃんが、「んっ？　何それ？」という顔をして、ウソのように泣き止んだのです。

店員さん、あなたは神ですか！

店内のお客さんたち全員が、心のなかで、スタンディングオベーションをしていたに違いありません。

その対応が、店員さん個人のファインプレーなのか、それとも、そのカフェにはそういうときのマニュアルがあるのかは定かではありません。

でも、いずれにしても感心いたしました。

私のなかで。そのカフェの株が上がった出来事でした。

忘れられない、GWフライト前の先輩の言葉

02

当たり前のことですが、カフェやファミリーレストランでは、どこのお店も、平日より休日のほうが、お客さんが多く来店します。

平日はのんびりしている店内も、日曜のお昼ともなると満員になって、店員さんは大忙し。

ファミレスなどでは、来店するお客さんを席に案内し、オーダーを聞き、料理を運び、レジでお勘定をし、席から呼び出しボタンを押されて、「今、伺《うかが》います」って……。

私は、カフェだけでなく、ファミレスでもよく執筆をします。

そんなとき、土日に忙しそうにしている店員さんを見ると、いつも、「平日よりもこんなに忙しいのに、時給は一緒なのかしらん？」という、「余計なお世話」的

な心配をしてしまいます。

私の著者仲間に、元ＣＡ（キャビンアテンダント）で、現在は起業され、企業研修や人材育成セミナーなどに携《たずさ》わりながら、マナーに関する本（『接客の一流、二流、三流』明日香出版社）を出版されている七條《しちじょう》千恵美《ちえみ》さんという方がいます。

これは、その七條さんがＣＡ時代の話。

それはある年のゴールデンウィーク前のこと。

まだ、コロナのコの字も無かった頃ですから、ゴールデンウィークの空港は、いつも、たいへんな混雑。飛行機はどのフライトも満席近くになり、ＣＡは大忙しになります。

しかも、飛行機に乗り慣れていないお客様も多いため、いつも以上にいろいろな事態が発生する。

まだ新人だった七條さんは、そんなゴールデンウィークを前にして、「最後まで体力がもつだろうか……」なんて思っていました。

そして、いよいよゴールデンウィークの初日。不安を胸に出勤した七條さんは、その日の朝のミーティングで、先輩からのこんな言葉を聞いたのです。

「ピーク期の旅行が、普段とどれくらい価格が違うか知っていますか？この日のために一生懸命働いてきたお父様。朝からの準備で、すでにお疲れのお母様、旅行を楽しみにしているお子様たち……。そんなお客様の背景を想像しながら乗務しましょう！」

それまで、ゴールデンウィークに対して、マイナスのイメージを持っていた七條さん。

この先輩の言葉を聞いて、一瞬にして考えがこう変わったそうです。

「（ゴールデンウィーク中のフライトを）お客様のよい思い出になるようなフライトにしたい！」

この先輩のひと言。

まさに、思考をマイナスからプラスに切り換える、魔法のスイッチのようなひと言でした。

まったく同じ仕事をしていても、その仕事をイヤイヤやるのと、その仕事によって喜んでくれる人たちのことを考えてやるのとでは大違いです。

ファミレスの店員さんだって同じ。

たしかに土日は、いつもよりも忙しい。でも、「ウィークデーに働いてきたお父さんにとっては、家族と過ごす大切な時間」「毎日、家族のご飯を作っているお母さんにとっては、束の間の家事からの解放時間」、そして、子どもにとっては、「嬉しいお出かけ、そして、大好きな外食」です。

仕事がつまらないとき、自分目線から、相手目線に切り替えると、仕事の見え方がガラリと変わるかもしれません。

こん平師匠が、早朝にせっせとやっていたこと 03

２０２０年12月17日に亡くなった、落語家の林家こん平さん。言うまでもなく、かつては、人気番組『笑点』のレギュラー。そして、現在、同番組でレギュラーになっている林家たい平さんの師匠です。病に倒れた、こん平さんに代わって大喜利のレギュラーになったのが、たい平さんでした。

少し前に、愛《まな》弟子のたい平さんが、ラジオで、亡き師匠の思い出を語っていました。

笑いのセンスが良くて、勉強家だった、たい平さん。実は、先輩たちを追い抜いて真打ち昇進の話がでたことがあったそうです。

そのとき。

「1年待ってみないか？」

と、苦言を呈してくれたのが、こん平さんだったそうです。

こん平さん曰く。

「先輩たちを追い抜いて真打ちになると、買わなくてもよい恨みを買うこともある。それより、1年待って、その間に、さらに芸を磨くほうが、長い目で見たらよいのではないか？

1年後に、また、真打ち昇進の話があるかどうかはわからないが、急ぐより、1年や2年の寄り道のほうがよいのではないか？」

テレビでは、マイクの音が割れてしまうくらいの大声で、「チャラーン」なんて叫ぶ「元気キャラ」だったこん平さん。普段は、弟子思いで、気配りができる、そんな人柄だったのですね。

たいへんな酒豪で、お元気な頃は、毎晩のように弟子たちと飲んでいましたが、

常に、「弟子の全員が楽しんでいるか？」に目を配っていたそうです。

たい平さんは、そんな、こん平師匠を心から尊敬していました。

ある地方での落語会を終えた翌日の早朝。
たい平さんが、ホテルの師匠の部屋へ行ってみると、こん平さん、前の晩、遅くまで飲んでいたにも関わらず、すでに起きていて、せっせとあることをしていたそうです。

何をしていたと思います？

なんと、**前の日に落語会でお世話になった方たちへ、直筆のお礼状を書いていた**のだそうです。

なかなかできることではありません。
たい平さんが尊敬するのもわかりますね。

こん平師匠のこの姿を見た、たい平さんは、師匠を見習って、お世話になった人たちには、ぜったいに不義理にならないように心がけているそうです。

余談ですが、こん平さんが、いつも笑点の大喜利の挨拶でやっていた「チャラーン」というあのかけ声。

もともとは、こん平さんの故郷、新潟県の民謡「佐渡おけさ」の前奏の出だし部分でした。最初の頃は、「チャラーン　チャチャンチャンチャ……」と、もっと長くやっていたものが、だんだん短くなって、さらに誇張されて、ああなったのだそうです。

04 「ウケる快感」の原体験

欽ちゃんこと萩本欽一さんのエピソードです。

それは萩本さんが中学1年生のときのこと。

クラスのガキ大将に命令された萩本さんは、黒板に担任である女性の先生をからかう言葉を書いたそうです。

書いたのは萩本さんだけではなかったのですが、運悪く、萩本さんだけが書いているところを先生に見つかってしまいました。

「誰がやったの?」

そう問いただす先生に、「ぼくがやりました」とだけ答える萩本さん。

するとその先生、しばらく萩本さんの様子を見てから、「まあ、いいでしょう」

とひと言。

そして、ニッコリ微笑むと、こう言ったのだそうです。

「萩本君がやったの。男の子はこれくらい勇気がないとダメよ」

この言葉が、イタズラに対してのものなのか、一緒にやった友だちたちをかばうことに対するものなのかはわかりません。

でも、とにかく、この言葉を聞いた萩本さんは、この先生にしびれてしまったのだそうです。

そこで萩本さん。この先生の粋な計らいに恩返ししようと思った。

何をしたかというと……。

それまでは、授業中に手を挙げたことなんてなかったのに、この先生が「わかる人！」と聞いたときに、「はい！」って元気よく手を挙げたのです。

そして、先生にさされて立ち上がると、大きな声でこう答えました。

「わかりません！」

教室中が爆笑したそうです。

このとき、みんなが笑ってくれたことに対して嫌な感じがしなかった萩本さんはこう言っています。

「今思えば、それが生まれて初めて人前で披露したギャグであり、自分がコメディアンという道にたどりついた始まりだったと言えなくもない」

萩本さんにとって、それは、**「ウケることの快感を知る原体験」**になったのですね。

この話を聞いて、「あっ！」って思いました。

私は、小学生の頃から、ず〜っと、人を笑わせることが好きなのですが、「もしや、その原体験はあれだったのではないか？」という出来事を思い出したのです。

それは、私がまだ小学校の低学年だった頃のこと。

当時、給食時間には小学生の放送委員の子たちが校内放送を流していました。

それで、その日は、「学校で飼っているウサギに子どもが生まれた」というニュースについて放送していたのです。

でも、校内放送なんて、給食を食べている小学生たちは、おしゃべりに夢中で誰も聞いていません。

そんな状況で、ふと、一瞬だけ会話がとぎれて教室内が静かになった瞬間。

「ウサギの子どもが生まれました」という校内放送の最後の部分、**「……子どもが生まれました」というところだけが教室に響いた**のです。

間髪を容《い》れずに、私はふざけた声でこう言いました。

「誰と誰のあいだにぃ～？」

次の瞬間、教室は全員が大爆笑。

ドカンとウケた私は、すっかりイイ気分になり、それ以来、人を笑わせることの快楽を知ってしまったというわけです。ああっ、人生の分かれ道……。

（参考『欽ちゃんの、ボクはボケない大学生。』萩本欽一著　文藝春秋）

塙《はなわ》さんを救った、ザ・ドリフターズのギャグ

05

「ウケる快感」の原体験の話が出たついでに、もう1人、今度は人気漫才コンビ、ナイツの塙宣之《はなわのぶゆき》さんの話です。

あっ、ここで注意。あなたが今、カフェにいて、お食事中だったり、これから食べようと思っていたりしたら、この項は飛ばして、別の項を読んでくださいね。

というわけで、いきなりですが、塙さんは、幼稚園の頃、教室でウンコを漏らしてしまったことがあるそうです。

理由は、どこでウンコをすればよいかわからなかったから。

実は塙さん、幼稚園内のトイレのなかにある個室の存在がわからなかったのです。家のトイレと違って、まさか、扉の向こうにウンコ用の個室があろうとは、夢

にも思わなかった。

ですから、幼稚園では、ウンコも、オシッコ用の便器でするものだと思っていたのです。

そのため、したくなったときは、トイレに人がいない瞬間を見計らって、オシッコ用の便器に速攻でウンコをしていました。

ところがある日のこと。

先生が男子をトイレに集め、オシッコ用の便器を前にしてこう言ったのです。

「ここにウンチをしてはいけませんよ」

どうも、小便器にウンコをする子がいるということが、先生の間で問題になっていたのですね。そりゃーそうでしょう。

さあ、自分がそこにウンコをしていたことはバレませんでしたが、この先生の言葉によって、塙さんは幼稚園でウンコをする場所がなくなってしまいました。

腸が弱くて、牛乳を飲むと、すぐにお腹がゆるくなる塙さん。

ウン命のその日。どうしても我慢ができず、とうとう教室で漏らしてしまったというわけです。

この「事件」によって、塙さんは、幼稚園にいる間だけでなく、小学生になってからも、ずっと、周りから「ウンコ、ウンコ」とからかわれ続けました。

いったい、いつまで自分はウンコネタでからかわれ続けるのか？

落ち込む日々。


それは、小学4年生のときでした。

塙さんは、テレビで『8時だョ！全員集合』を見て衝撃を受けます。

ザ・ドリフターズの志村けんさん、加藤茶さんが、大きなウンコの小道具でお客さんをゲラゲラ笑わせているではありませんか！

ずっと自分を苦しめているウンコを笑いのネタにしている！

それを見て塙さんは思いました。


「**もしかしたら、ウンコで人気者になれるかもしれない**」

そう考えた塙さんは、ひそかに「ウンコの歌」という曲を自作しました。

そして、学校でクラスメイトがからかってきたときに、ここぞとばかりに、「**そうだぜー、俺はウンコ野郎なんだぜー！**」と言い放ち、「ウンコの歌」を歌ったのです。

「**♪そう～、あれは5年前のある日～、俺はウンコを漏らしたんだぜぇ～、ベイベー♪**」

この熱唱にクラスは大爆笑。

それまで、からかわれていた塙さんは、一躍、クラスの人気者になったのでした。

これが、塙さんが、「**笑い」という、最強の鎧《よろい》を手に入れた瞬間**です。

この体験以降、塙さんは、目が覚めているときは、いつでも、「**どうしたらウケるか？**」と考えるようになったのだとか。

その後の人生を決めるきっかけが、「ウンコの歌」というあたりが、さすが、お笑い芸人の面目躍如《めんもくやくじょ》です。

（参考『言い訳』塙宣之著　集英社新書）

06

20代の先輩と60代の新人

ある日、近所のスーパーのレジで目撃した光景です。

私が並んだレジには、たぶん新人と思《おぼ》しき店員さんと、その横に、その先輩と思しき店員さんがいて、先輩らしき店員さんが新人らしき店員さんの補助にまわって、レジ打ちの指導をしていました。

と、こうやって文章にすればよくある光景です。

でも実は、この**新人店員さんのほうが、見たところ60代くらい。いっぽうの先輩店員さんのほうが、20代くらいの若者だった**のです。

普通、こういうシチュエーションでは、若い先輩が年配の新人を見下して、上から目線の言葉づかいで、「ほら、モタモタしない！」なんて、言ったりするものです。

逆に、新人のほうが、教わる立場でありながら、妙に「年上」をアピールして、年下の先輩社員の言うことを、斜に構えて、ろくに返事もしないで聞くこともあるでしょう。

ところが。

この2人の態度が、見ていて、実に気持ちが良いものだったのです。

まず、先輩である若者のほうは、職場の先輩であり、教える立場ではあるけれど、相手が年上であることを意識して、「このボタンを押していただくと、こうなりますから」なんて、ちゃんと敬語を使っている。

いっぽう、教わる立場にある年上の新人店員のほうも、自分の息子のような年齢の先輩店員の言葉に対して、「はい、なるほど」「はい、わかりました」と素直に返事をしていたのです。

お互いがお互いに対して、ちゃんと、敬意を持って接している。

かたや、自分よりも目上の人への敬意。

かたや、自分よりも職場の先輩である相手への敬意です。

種類は違っても、同じ敬意。

自然と、敬語になり、ソフトな対応になります。

もちろん、うわべだけの敬語は見ていて脇の下が痒《かゆ》くなりますが、この2人は、お互いがお互いを認めているのが伝わってきて、傍《はた》から見ていて、実に気持ちがよかったのです。

世の中、たかが「先輩だから」とか、「年上だから」という理由で、自分が相手よりも偉いって勘違いしてしまう人がいます。

部下に対して、「おい、○○！　この書類、コピーしといてくれ！」なんて、平気で言う人、あなたの周りにはいませんか？

そういう人は、誰からも尊敬されません。

それを自分でも感じるから、余計に「オレは偉いんだ」って確認したくなって、威張ってしまうのでしょう。

そう言えば、私の知人に、小さな子どもに対しても、「届きますか？　なんなら

取りますよ」なんて、丁寧な言葉づかいをする人がいます。

子どもに対して、どうして、そんなに丁寧に接するのか聞いてみたら、こんな答えが返ってきました。

「だって、将来の偉人かもしれないから」

たしかに、そう思って接すれば、自然と、接し方が丁寧になりそうです。

私自身は、相手が年下だろうと、大先生（なんの？）だろうと、ほとんど同じように接するようにしています。**相手によって、態度をコロコロ変える人間は、みっともない**と思っているからです。

要は、相手が誰でも丁寧な言葉づかい。

人間関係の基本のような気がしています。

「すべての人を自分より偉いと思って仕事をすれば必ずうまくいくし、とてつもなく大きな仕事ができるものだ」（松下幸之助　実業家）

07 どんなに悪いことのなかにも

たとえば。あなたが車を運転していて、信号で停車しているとき。
後ろからきた車が、赤信号に気づくのが遅れて止まり切れず、追突されてしまったとしたら、あなたはどう考えるでしょうか？

自分はぜんぜん悪くないのに、警察を呼んだり、保険会社に連絡したりと、とんでもない災難です。

それどころか、ムチ打ちにでもなってしまったら、もう最悪。

「ふざけるなよ」って、頭にくるでしょう。

でも……。

世の中で、「成功する人たち」というのは、まったく逆のとらえ方をするものなのだそうです。

つまり、そんなときに、こんなふうに考える。

「後ろからきたのが、トラックでなくてよかった……」

もし、後ろからきたのがトラックで、信号にまったく気がつかず、猛スピードでぶつかってきていたら……。警察を呼ぶとか、保険会社に連絡がどうのという前に、即死だったはず。

ああ、死なくてよかった。

生きていて、警察を呼んだり、保険会社に連絡できたりするなんて、なんて、ラッキーなんだろう！

そんなふうに考えるというのです。

つまり、好ましくない状況に陥《おちい》っても、勝手に、ラッキーだったと考える。

ある成功者は、こんなことを言っているそうです。

「どんな悪いことのなかにも、幸運が、必ず3つはあるんだよ」

たとえば、車の追突を例にすれば……。

追突してきたのが、トラックでなくてよかった。

自分が追突した側でなくてよかった。

傷があったバンパーを新品に取り換える、いい機会になってよかった。

なんて、考えることができると。

私は、この考え方、おおいに賛成です。

3つ目なんて、もう、こじつけでもいいと思います。

私自身の例で言えば、たとえば、私は、新卒で入社した会社が、ある日、会社ごと無くなってしまいました。

それだって、幸運を3つ挙げられます。

いい歳になってから、「転職」という人生経験を積むことができた。

2つ目の会社で、新たな人たちと出会うことができた。

巡り巡って、執筆業という天職に就くことができた。

ほかにも、**「会社が無くなったということを、今、こうして、本のネタにできている」**だって、幸運の1つです。

とにかく、どんな悪いことが起こったときでも、**「いいように解釈するクセ」をつける**と、不思議なことに、人生がうまい具合に回りだします。

これ、ホント。

「最近、いいことがない」という方は、ぜひ、無理やりにでもいいので、「どんな悪いことのなかにも、幸運を3つ見つける」ように意識してみてください。

そうすると、「最近、いいことしかないなぁ」に変わります。

（参考『世界の大富豪2000人がこっそり教える「人に好かれる」極意』トニー野中著　三笠書房）

08 蛭子さんの人生相談

太川陽介さんとの旅番組『ローカル路線バス乗り継ぎの旅』（テレビ東京系）で大人気だったタレントの蛭子能収《えびすよしかず》さん。

本業の漫画家よりもブレイクしていましたが、２０２０年7月に、レビー小体型認知症とアルツハイマー型認知症の合併症と診断され、（当然のことですが）仕事が激減してしまいました。

もともと自分が興味のないことはまったく覚えないタイプで、自分の孫の名前や人数も覚えていない（冗談でなく本当に）人でした。そのため、前に共演したことがあるゲストの名前を忘れていても、周りの人たちは「まったくもう、蛭子さんは」なんて笑っていたのです。

しかし、徐々に物忘れが激しくなり、レビー小体型認知症特有の幻視の症状まであらわれるようになるに至って、心配した奥さんとマネージャーさんが相談し、『主治医が見つかる診療所』（テレビ東京系）という番組のなかで病名を公表することにしたのです。

幻視って、たとえば、ガラガラのレストランで「みんな座っている」と言ったり、取り込んだ洗濯物を入れたカゴを見て、奥さんが倒れていると大騒ぎをしたり。たしかに、これでは、いつ番組のスタッフに迷惑をかけてしまうかわかりません。奥さまとマネージャーさんが、病名を公表すると決断したのもうなずけます。

ただ、当の本人は、時間によっては、症状が安定していて、「働いてお金を稼ぎたい」という思いは、持ち続けていました。

もちろん、症状が出やすい夜の収録や、泊りがけの仕事は難しい。でも、締め切りに追われないタイプの仕事なら、なんとかなりそう。

そんなわけで、週刊誌の『女性自身』（光文社）で好評連載中だった「蛭子能収のゆるゆる人生相談」は、読者に対して、病名を紙面で公表したうえで、継続することになったのです。

これ、英断だと思います。

だって、認知症の人が読者からの人生相談に回答するのです。

そもそも、「相談してくる人がいるのか」っていう話です。

編集サイドも、恐る恐るの決断だったことと思います。理解のない読者から、「認知症をネタにするのか！」って、お叱りの言葉がくる可能性だってあるのですから。

それでも意を決し、連載を継続してみると……。

相談者は、いなくなりませんでした。

いや、いなくならないどころか、認知症を公表する前よりも、相談者の数が増えたのです！

読者からの相談に対する蛭子さんの回答は、記事のタイトルの通り、「ゆるゆる」です。真剣な相談に対して、すぐに横道にそれて、大好きな競艇の話に飛んでしまうこともしばしば。それどころか、質問に対して「教えてほしいのはオレのほうです」と言ったり、「こんなつまらない相談は勘弁してほしいですね」って言い放ち、相談と関係のない話で終わってしまったりすることもある。

しかし、**そんな回答っぷりが、読者からは、「癒される」と好評**なのです。

たしかに、読者の悩みに対する蛭子さんの回答を読むと、**「こんな悩み、たいしたことないか」って思えてくる**から不思議。

「こんなことに悩んでないで、蛭子さんみたいに、あるがままの自分を受け入れて、楽しむのもアリかな」って、そんな気分にさせてくれるのです。

自分の症状について、当の蛭子さんは、こんなふうに言っています。

「オレは意識がなくて生きることは嫌だけど、物忘れぐらいは仕方ないと思っていますよ。同じことを何度も聞いて、女房やマネージャーに笑われますが、気にしません。あきれた顔をしたり、怒ったりしたら『人間が小さいな』と思っていればいいんですよ。オレの頭には、競艇選手の名前や戦績などが入っています。これを忘れるようだったら、いよいよ気にしようかと思っています」

このお気楽さ！　これが蛭子さんの最大の強みです。

（参考『認知症になった蛭子さん』蛭子能収著　光文社）

09 「普通」なんて、どうでもいい

1つ前の項で、蛭子能収さんは、週刊誌に、人生相談のコーナーを持っているというお話をしました。

その相談のなかの1つにこんなものがありました。

相談　息子は、女性よりも男性が好きで、「一生独身で生きていくから」と。普通に育てたつもりなのに、子育てに失敗したのでしょうか。私の友達の孫の話を聞くと心が痛みます。（ヒロさん　67歳　神奈川県　主婦）

この相談に対する蛭子さんの回答が、実によかった。

蛭子さんの回答は次のとおり。

回答　**この息子は、自分の思いや考えを親に正直に話しているんですよね。すごく偉いことだと思いますけどね。それにしても結婚したり、異性を好きになったりすることが普通なんですかね。この人の言っている「普通」がちょっとわかりにくいですね。別にどうでもいいですけど。**

友達の孫の話で思い悩むなら、あなたの友達に「息子は男性が好きだから結婚しないの」と言ってみればどうですかね。変な顔をしたり離れていったりする人がいれば、その人とは付き合わなければいいだけですよ。

いや〜、まったく、蛭子さんの言うとおりです。

「普通」とか「常識」なんて、実は、そもそも世の中に存在していません。

たとえば、食文化を見ればよくわかります。

かつて、欧米人から「日本人は魚を生で食べている、オエッ」って言われていましたが、今や日本食は世界的なブームです。

逆に、かつて日本人は、「外国では、牛の乳を有り難がって飲んでいる。オエッ」って言っていましたが、牛乳は戦後、日本の学校給食において定番となり、それはいまだに続いています。

このように、**「普通」や「常識」なんて、国によっても、時代によっても違う。**政治家の答弁みたいに、しょっちゅう変わるし、徳川埋蔵金のように、あるのかないのかわからない。

いみじくも、蛭子さんが言っているように、「どうでもいいもの」です。

それなのに、親が子どもに、「自分が常識だと信じている思い込み」を押しつけること、よくありますよね。

蛭子さんが提案するとおり、この相談者は、友だちに「息子は男性が好きだから結婚しないの」って言ってみたらよいと思います。

昔と違って、テレビでも、数えきれないくらいにたくさんの「性別を超えた方たち」が活躍する時代です。そう言えば、歌手の宇多田ヒカルさんも、「私はノンバイナリー」、つまり、「男女どちらでもない性である」と公表して話題になりましたよね。聞いた相手も、「あっ、そうだったの」で終わるのではないでしょうか。

この相談者には、そうやって、**自分が思い込んでいる「普通とやら」**を早く手放して、親孝行な息子さんと平穏な気持ちで過ごしてもらいたい。

蛭子さんの回答は、このあと、いつものように脱線しますが、ここまでの回答は、まさに名回答だと思いました。

たしか幼稚園くらいの頃、見世物小屋の男が1つ目の人たちが住んでいる国にとらわれてしまう絵本（だったか教育テレビで見たか）を読んだことがあります。その男は、「1つ目の国」で、「2つ目の奇妙な人間」として見世物になってしまうのです。

子ども心に、**「普通って何？」**と思ったのを覚えています。

「普通」とか「常識」なんて、いつの世も差別を生むだけです。

解き放たれて、自由にいきましょう！

（参考『認知症になった蛭子さん』蛭子能収著　光文社）

10 不本意ながら行った先で

「人間万事塞翁が馬《にんげんばんじさいおううま》」という言葉があります。
元は中国の書物、『淮南子《えなんじ》』に出てくる逸話で、およそ次のような話です。

昔、中国のあるところにいた老人（塞翁）の飼っていた馬が逃げ、周りの人たちは「不運だね」と言ったけれど、当の塞翁は、「いや、これは幸運の兆《きざ》しかもしれぬ」と。その言葉のとおり、やがて、逃げた馬は、立派な馬を連れて戻ってきた。

それを知った、周りの人たちは「幸運だね」と言ったが、塞翁は、「いや、これは不幸の前ぶれかもしれん」と。その言葉のとおり、老人の息子がその馬から落ちて足を骨折してしまった。

周りの人たちは、「それは不運だ」と言ったが、塞翁は「いや、これは幸運を呼ぶかもしれん」と。その言葉のとおり、すぐに戦争がはじまり、多くの若者が戦死したが、骨折していた息子は戦争に行かなくて済んだ。

幸運や不運なんて、所詮はこんなもの。**「何が幸運で、何が不運かなんて、どう転ぶかわからないのだから一喜一憂する必要はない」**という意味です。

あこがれの企画会社に就職できたのに、まったく企画が採用されず、とうとう営業部門にまわされてしまった。でも、そこで営業の面白さに目覚めて、気がつけばナンバー1営業になったという人を私は知っています。

宝くじで大金が当たって「なんて幸運なんだ」って浮かれて、調子に乗って会社を辞めてしまい、投資に手を出して、気がつけば家計は火の車。借金で一家離散になったという人の実話をテレビ番組で見たこともあります。

不運か幸運かなんて、「その後の自分」で、いくらでも逆転するということです。

お仕事でつながりがある、某企業のインターン社員の女性が、大学を卒業するにあたって、自分のSNSに次のような体験を書いていました。

大学受験のとき、絶対に入りたかった第一志望の大学の受験に失敗してしまった彼女。

第一志望の大学しか眼中になかったため、すべり止めの大学を受験しておらず、かといって浪人するお金もなくて、「これはもう、専門学校にでも行こうか……」と考えたそうです。

そんなとき、高校の担任の先生から勧められて、なかば強引に、ある大学の二次募集を受験。

心ならずも合格してしまい、入学することになりました。

本人としては、正直、あまり気が進まない展開。その大学に行くのは、不本意でした。

でも、入学してみたら……。

「4年間で、たくさんの人と出会い、かけがえのない時間を過ごすことができた」のだそうです。

そこで出会った人たちは、「これからも一生付き合っていきたいと思える人ばかり」だと。

彼女は、卒業にあたって書き込んだSNSを、こんな言葉で締めくくっています。

「今なら、自信をもって、この大学に入ってよかったと言える」

そして、「たくさんの人への感謝の気持ちを忘れずに、社会人として頑張ろうと思います」と。


不本意ながら行った先で、素晴らしい人たちと出会うことがある。

かけがえのない時間を過ごすことができることがある。

これだから、人生は面白い。

不本意な展開になっても、いっさい、悲観することはないんですね。


神は天にいまし、すべて世はこともなし。（モンゴメリー『赤毛のアン』より）

11 鯉を食った家臣

徳川家康が岡崎城にいた頃……と言いますから、まだ30歳になる前の若き城主だった時代のエピソードです。

城の堀から無断で魚を捕った者がいると知った家康さん、その者をとらえて牢《ろう》に入れてしまいます。

この話を聞いて怒ったのが鈴木久三郎《きゅうざぶろう》という家臣です。

この鈴木さん、いったいどうしたか？

なんと、城内の池の鯉をつかまえて料理して食べ、その上、家康が織田信長からもらって大切にしていた酒を持ち出して、勝手に飲んでしまったのです。

さあ、今度は、この家臣の振る舞いを聞いた家康が怒りました。

すぐに、久三郎を呼び寄せます。

そのとき、家康は手に長刀《なぎなた》を持っていたと伝わっていますので、久三郎の返事によっては手打ちにするほど怒っていたのですね。

ところが……。

主君である家康の前にやってきた久三郎さん。

詫びるどころかこう言い放ったのです。

「魚ごときを人に替えて、天下が取れるか！」

久三郎さんは、「**たかが堀から魚を捕った程度のことに腹を立てて家臣を牢に入れるとは、あまりに器が小さいのではないか！**」と直言したのですね。

当時、家臣が主君に対して意見を言うというのは命がけの行為です。

キレやすい主君なら本当に手打ちにされた時代です。

しかし、このときの家康は人間ができていたんですね。

キレるどころか、久三郎さんにこう言ったといいます。

「よく言ってくれた」

怒るのではなく感謝したのです。

たぶん、家臣の命がけの忠言に、「はっ」と、自分の間違いに気がついたのではないでしょうか。

「いかん。こんなことをやっていては、とても家臣の心をつかむことはできない」と思ったのかもしれません。

すぐに牢に入れていた者を釈放したそうです。

注意をされたとき、なかなか素直に聞けないのが人間というものです。

とくに相手が自分よりも下の立場だったりすると、たとえ相手の言葉のほうが正しいと頭ではわかっていても、つい反発してしまう。

そんなときは、**相手の注意が「自分のためを思って言ってくれている」のかどうかを冷静に判断**してください。

そして、「これはたしかに自分のことを思って、わざわざ憎まれることを覚悟して言ってくれている」と思えたら、**内容はともかく、「注意してくれたこと」に感謝する。**

相手の注意を採用するかどうかはまた別の話。まずは、言ってくれたことに感謝。

感謝する姿勢を示せば、たとえ最終的に自分の意見が採用されなくても、納得して、また役に立つアドバイスをしてくれます。

ここはひとつ、久三郎さんの忠言を思い出して、「器の大きい人」になるのです。

ちなみに、徳川家康は次のような意味のことをよく言っていたそうです。

「武功も直言も、いずれも同じ功である。しかし、武功は必ず褒められるのに対して、直言のほうはヘタをすると主人に殺されるかもしれない。それを覚悟で主人のためを思って直言するのだから、直言こそが一番の功名なのだ」

さすがはのちに天下を取る器。家臣からの直言の大切さをよくわかっていたのですね。

12 人生の楽しみ方を教えてくれたホームレスたち

ドイツのことわざです。

「笑って暮らすも一生、泣いて暮らすも一生」

真理ですね。

これは、80歳を超える今も、毒舌で人気のタレント、ラジオパーソナリティの毒《どく》蝮《まむし》三《さん》太夫《だゆう》さんが、かつて、悪友の立川談志さんと公園に桜を見にいったときの体験談。このドイツのことわざを地でいくような話です。

2人が公園に着くと、桜の木の下で、ホームレスのような一団がゴザを敷いて、酒盛りをしていたそうです。

毒蝮さんが、「よう、元気か?」と声をかけると、「おう、座んなよ」と気さくな返事。

言われるままに仲間に入る毒蝮さんと談志さん。

ふと、彼らが飲んでいる一升瓶のラベルを見て驚きます。

そこには、「剣菱《けんびし》」の文字が。

「おい、ずいぶんいいの飲んでるじゃねえか?」

「どうだい、やれよ。これ特級酒だぞ」

気前よく、コップに「剣菱」をなみなみと注いでくれるではありませんか。

毒蝮さん、「こりゃあいいいや」とばかりに、グイッと飲んでみると……。

……まずい。

そうです。

実は「剣菱」なのは、瓶だけ。

大吟醸

中身は安モノの合成酒だったのです。

なんのことはない、彼らは「剣菱」の空き瓶に安モノの合成酒を入れて、「その気になって」楽しんでいたのでした。

なんだか、お酒の代わりにお茶を持って貧乏長屋の人たちが花見に行くという、古典落語の『長屋の花見』のような状態。

でも、ホームレスの人たちは、そんな細かなことは気にせずにおおいに楽しんでいる。

「桜の花は、人みたいに俺たちを差別しねぇだろう」

そんなことを言いながら、合成酒を特級酒だと思って飲んで、人生を謳歌していたのです。

毒蝮さんは、この**「今、この瞬間を楽しんでいるホームレスたち」の姿を見て、「人生の楽しみ方」を教わったような気がした**といいます。

「幸せは、なるものではなく、気づくもの」と言います。

特級酒がないことを卑屈になって嘆くより、すでに持っている合成酒を精一杯、楽しんでしまえばいい。

それは、「妥協」とは似て非なるもの。

「満足することを知っている者は精神的に豊かである」ということです。

古代中国の思想家、老子も**「足るを知る者は富む」**という言葉を残しています。

人生なんて、「面白がったもん勝ち」です。

（参考『人生ごっこを楽しみなヨ』毒蝮三太夫著　角川新書）

「クスっと笑える
ゆるい話」

ブレンドコーヒー
とともに読みたい

13

「人形あそび」の記憶

カフェで原稿を書いていたときのこと。


はす向かいの席に子ども連れのご夫婦がいました。

子どもは幼稚園前くらいの女の子と、その弟らしい男の子。

女の子の手には小さなドラえもんのぬいぐるみ。男の子の手には、『トイ・ストーリー』のバズ・ライトイヤーのおもちゃが握られています。


で、この姉弟が、ドラえもんとバズを使って、「人形あそび」をしているのです。

お姉ちゃんがドラえもんをフリフリしながら、「ねえ、いっしょに遊ぼうよ」とバズに話しかける。

それに対して、弟もバズをフリフリしながら、「うん、いいよ」と答える。

「なにして遊ぶ」と、ドラえもん。

「じゃあ、かくれんぼ」とバズ。

お互いに、ドラえもんとバズを手に持って、キャラクターになりきって会話をしているのです。

これが本物の映画なら、奇跡の共演です。

この光景を見ていて、ふと、自分が小学校に入る前のことを思い出しました。


ああ、そうだ。

自分もやっていたっけ……。

この、人形あそび……。


私の場合、友だちとの会話ではなく、1人で何役もやる自作自演でした。

キャラクターとなる演者たちは、ゴジラのソフビ人形、ガイコツのキーホルダー、愛嬌のある表情をしたゴム製の恐竜のおもちゃなど。これらを登場人物（人物は1人もいませんが……）にして、即興で会話をさせて、なんとなく物語風にして、それを友だちに見せていました。

1人芝居の人形劇をやって、それを観劇してもらっていたわけですね。毎回、違う話を適当にその場で考えていたので、物語としては支離滅裂《しりめつれつ》でした。会話もすべて、行き当たりばったりのアドリブです。

「よし、あの山に行くぞ！」

「えっ、今から？」

「そうだ、お菓子を忘れるな！　カールのチーズ味もったか？」

「つり橋がありますよ」

「こんなん、だいじょぶだ」

「あっ、『このはしわたるな』って書いてある」

「一休さんか！　だったら真ん中を渡れば、だいじょう……うわーーーーーっ」

なんて、思いつくままにしゃべって、友だちに笑ってもらうのが嬉しかった。

目の前で、人形あそびをする姉弟を見て、そんな、昔の自分を思い出しました。

そう言えば、脚本家の三谷幸喜さんは、ＧＩジョーの人形を何体も使って、独りで演劇ごっこをやっていたそうです。

原作、脚本、演出、すべて自分。出演だけは、ＧＩジョーたち。すでに脚本家、映画監督という、現在の仕事を、「ごっこ」でやっていたわけですね。

思うに、「自分が考えたモノを人に見てもらって、楽しんでもらう」という、現在の「物書き」の私の原点は、子ども時代の「人形あそび」にあったのかもしれません。

それにしても、当時の自分、なんて、頭が柔らかかったんだろう……。

子ども時代の自分に、嫉妬してしまいます。

14 高田純次さん、アドリブギャグ集

すでに、自分の本のなかで、何度、公言したかわからないくらい、私は、タレントの高田純次さんのファンです。

私が目指す「理想のジジイ」のナンバー1！

そんな、高田さんが、散歩をしながら、素人さんとやり取りするだけの番組が『じゅん散歩』（テレビ朝日系）。私は、この番組を毎回、録画していて、気に入った会話は、せっせとメモしています。

では、そのメモから、最新版をいくつか……。

●グラスを持つとき、小指を立てているのを見せて。

「どうして、グラスを持つとき、小指を立てるか知ってる？」

「わかりません」

「あのね、親指を立てるとグラスが落っこちちゃうんだよね」


子どもの頃の自分について。

「子どもの頃、ボクは『シンドウ』って呼ばれてたからね。寒くて、いつも震えてたから」


3年ぶりに訪問したおそば屋さんで、店員さんに。

「なんか、可愛くなったんじゃない」

「ありがとうございます。ホントに～」

「いや、ホントかウソか、オレもわかんないけど」


某大学の正門前で。

「さあ、今日の散歩は○○大学ということで、○○大学と言えば、私にとっては思い出深い大学ですね。まあ、思い出深いって、去年、ロケに来ただけだけど」

高校時代の自分の写真を見て。

「まるでハーフだね。……父と母の」

自転車屋で。

「しかし、自転車のタイヤってのは、ずっと丸だね」

入ったお店のご主人がイイ男で。

「ご主人、昔は、そうとう泣かせたんじゃないの？　犬とか猫を……」

昔の友人と久しぶりに会い、「相変わらず、頭が切れるね」と言われて。

「うん、そう。ほら血が出てきた」

厚揚げを揚げているお豆腐屋さんで。

「これ、どれくらい熱いか、手、ツッコんでもいい？」

夏の暑い日。建物に入ろうとして入口に貼られている「冷房中」の文字を見て。

「いい言葉だね。好きな言葉です」


お寺で、秘蔵の浮世絵を見せてくれると聞いて。

「見せていただいていいんですか？　もし、それが無くなったら、私が盗ったと思ってください」


きれいな石畳みを歩きながら。

「ウチの墓石より、いい石を使ってるね」


ちなみに、インタビューで、この番組について、「散歩のときに心がけていることは？」と聞かれた高田さん、こう回答していました。

「右足、左足と交互に出すこと」

脱帽です。

15 なぞの言葉、「メランポ」

映画の「原題」と「日本で公開されたときのタイトル」って、見比べると面白い。

たとえば、ダスティン・ホフマンとメリル・ストリープという二大演技派が共演した名作『クレイマー、クレイマー』。

2人が演じる、テッド・クレイマーとジョアンナ・クレイマーという夫婦が、離婚に際して、子どもの親権を争うという内容です。

でも、『クレイマー、クレイマー』って、なんだかへんなタイトルですよね。

そう思って、原題を見ると、『Kramer vs. Kramer』。

なるほど、「クレイマー対クレイマー」という意味でしたか！　同じ名前の2人が裁判で争うという内容を、皮肉も込めて、ひと言で言い切っていたのですね。うまいなぁ。邦題では、それを活かして、『クレイマー、クレイマー』。たしかにこっちのほうが、『Kramer vs. Kramer』よりも、情緒があっていい。

邦題でよくあるのは、「愛とナントカのナントカ」とか、原題とはほど遠い、少し強引なタイトル。これは、ちょっと、いただけません。

そう言えば、日本で『沈黙の戦艦』がヒットしたスティーヴン・セガールは、その後に日本で公開される作品の八割くらいのタイトルに「沈黙」という文字が使われていますよね。これ、強引すぎませんか？

さて。

そんな、映画の原題と邦題についての「よもやま話」の本を読んでいたら、面白い話が出ていました。

著者は、大の映画好きで、映画の原題を見て、その意味を調べるのが大好き。

そんな著者の頭を悩ませたのが、往年の名作映画、『ひきしお』の原題です。

『ひきしお』って映画、ご存知ですか？

主演はマルチェロ・マストロヤンニとカトリーヌ・ドヌーブ。

往年の映画ファンには、お馴染《なじ》みの名優です。

で、この『ひきしお』。

原題を『Ｍｅｌａｍｐｏ』といいます。

んっ？　メランポ？「メランポ」ってなに？

英語に詳しい著者も、初めて聞く単語です。

辞書で調べても、そんな単語、出ていません。

メランポ。メランポ……。メランポ！

結局、著者は、原題の意味がわからず、モヤモヤした気分のまま劇場へ。

すると……。

映画が始まってすぐに、マストロヤンニ演じる主人公が、このなぞの言葉を口にするではありませんか！

「**メランポ！**」

マストロヤンニの目の先には、彼の愛犬が……。

そうです。

なぞの言葉、「メランポ」は、主人公の愛犬の名前だったのです。

真相を知った著者、「そんな殺生な……」って、思わず画面に向かって声が出たとか……。

「きっとすごい意味があるに違いない」と思っていたのに、わかって見れば他愛のないことだった……。そういうこと、ありますよね。

でも、まあ、わかればスッキリします。

この著者も、もし、劇場に足を運んで、実際に映画を観なければ、ずっと「メランポ」の正体がわからずに、モヤモヤしたままだったことでしょう。

何ごとも、知ってなんぼ。

「メランポ事件」（事件なのか？）にそんなことを感じました。

（参考『目からウロコの洋画タイトル珍百科』芝原幸三著　近代映画社）

16 後輩を叱ったあとで

人を叱るのって難しいですよね。

たとえば、相手のためを思って新入社員を注意しても、叱られ慣れていない相手だと、パワハラだと思われたり、ヘタすると会社を辞めてしまったりする。

会社員の知人から、「今は本当に新人を怒れない、大量にミスコピーをした新人に、『どうして、最初に1枚、試しにコピーして確認しなかったんだ』と注意したら、『○○さんからパワハラされた』と部長に告げ口された」という、ウソのような話を聞いたことがあります。

新人の成長のためを思って注意しても、とんだ逆恨みを買うこともある。

これでは、先輩たちが、「放っておいたほうがいい」って、考えてしまうのも無理はありません。

もちろん、先輩からの注意に、感謝して、どんどん成長する若者もたくさんいるとは思いますが……。

さて。これは、そんな「後輩への注意」に関するお話。

お笑い芸人の今田耕司さんのエピソードです。

実は、今田さん、吉本興業のなかでも、「もっとも後輩から慕われている」と言われている先輩芸人なのだとか。

そんな、ホトケの今田さんが、後輩芸人2人を連れて飲みに行ったときのこと。

あろうことか、その2人が飲み屋さんで大ゲンカを始めてしまいます。

激しい言い合いになり、横で見ていた今田さんも、とうとう堪忍袋の緒が切れて、「**お前ら、いい加減にしとけ！**」と喝《かっ》を入れたそうです。

普段は、後輩に対して大きな声を出さない今田さんに叱られて、その場は凍りついてしまいました。

その気まずい雰囲気のなか、トイレに立つ今田さん。

実はこのあと、凍りついてしまった場の雰囲気を和《なご》ませる、今田さんの神対応によって、飲み会はふたたび和やかな雰囲気に戻ったのです。

さあ、いったい、トイレに立った今田さんが、このあと、どんなことをして、場の雰囲気を元に戻したかわかりますか？

後輩を叱ったあと、トイレに立った今田さん。

なんと、**トイレから「フルチン」で戻ってきた**のです。

チン○丸出しのまま、平然と戻ってきて、自分の席に着く今田さん。

その姿を見た後輩芸人たちは、もう、おかしさをこらえきれず、クスクスと笑ってしまいました。

こうして、今田さんのこの渾身《こんしん》の「ボケ」によって、沈んでいた場の空気はふたたび和やかなものに戻ったのでした。

たぶん、今田さんとしては、柄にもなく、後輩芸人に大きな声をあげてしまった照れ隠しもあったのかもしれません。

それにしても、この気づかい、さすがです。後輩たちから慕われるわけです。

織田裕二さん主演のかつての人気ドラマ、『踊る大捜査線』に登場した、いかりや長介さん演じるベテラン刑事、和《わ》久《く》平八郎《へいはちろう》は、かっこいい言葉を言った後に、**「なんてな」**って言います。

この照れ隠しが、実にイイ味を出していました。

もし、このキャラクターが、それっぽい名言を言うだけのキャラクターだったら、魅力は半減だったはずです。

私もいつか、後輩に注意するときに、ものすごくかっこいい名言を吐いたあとで、ニッて笑って「なんてな」って言ってみたい！

でも、残念ながら、そんな機会にはまだ、めぐり合っていません。

（参考『笑いの凄ワザ』殿村政明著　大和出版）

17 最高にウケる忘年会？

「若い社員が会社の忘年会に出ない」と言われるようになって久しいですよね。
「忘年会スルー」という言葉も聞きます。

そういう意味では、２０２０年は、新型コロナによって、会社の忘年会は軒並み中止。忘年会嫌いにとっては、勿怪《もっけ》の幸いだったかもしれません。

ただ、実は、忘年会について年代別にアンケートをとってみると、「できれば出たくない」「絶対に出たくない」という回答比率は、20代も50代も、ほぼ7割で一緒なのだとか。

しかも、「絶対に出たくない」と回答した人の比率は50代のほうが高い。

いかにも宴会好きに見える50代が、実は若者よりも忘年会を嫌っているという結果が出ているのです。

なぜ、そんな結果が出ているのか？

50代の社員に「忘年会に出たくない理由」を聞くと、次のような声が。

「忘年会なんて、実態はただのミーティング」

「社長や役員が、会社の未来や方針について1人でしゃべっているのを聞かされるだけのムダな時間」

あー、たしかに……。

真っ赤な顔をして、最初から最後まで仕事の話しかしない（というか、たぶんできない）エライ人、いますわ……。

しかも、バブルの頃とは違って、会社の強制参加の忘年会なのに、残業代は出ず、それどころか、参加費も自前で払わされる。それで、役員たちの自己満足を満たすために長話につき合わされるのだとしたら、もはや苦行ですね。

自己満足と言えば、こんな意見も。

「売れていない芸人を呼んで、社長だけが自己満足している。高いお金を払っているだろうに……」

それなりの人気タレントを呼べれば、それなりに盛り上がるでしょうが、名前も顔も知らない芸人を呼ばれてもねぇ。

お金がない会社だと、ステージに社員が登場させられて、「宴会芸」をやらされますよね。

芸達者な社員がいれば、これまた、それなりに盛り上がりますが、そうでないと、やるほうの社員も、素人芸を見させられるほうの社員も地獄。

忘年会の何日も前から、忘年会でやる芸の練習を残業時間にしたりして……。

さて、これは、まだコロナの「コ」の字もなかった頃の、ある経営コンサルタントの話。

中小企業の社長から、「**社員のヤル気がアップする、最高の忘年会を提案して欲しい**」と依頼されました。

予算は、社員1人につき、1万円きっかり。

依頼を受けたそのコンサルタント。全社員がぜったいに大喜びする画期的な忘年会として、次のようなアイデアを出したそうです。

社長が、「みんな、いつも会社のために頑張ってくれてありがとう！　今日は、これで美味いものでも食べてくれ」と言って、社員1人ひとりに1万円を配る。そして、その日は、お昼で業務を終わりにして解散！　……という忘年会。

　これを忘年会と呼べるかどうかは別にして、たしかにこれなら、社員たちは喜ぶでしょうね。

　午後、まだ空《す》いているお店に行って、気の合う仲間だけで盛り上がってもいいし、早く帰って家族と食事に出たっていい。

「ウチの社長、ヤルじゃん」です。

　どうせコロナで中止なら、1万円を配って、**「今日の家飲みは豪華なつまみで」**って、そんな忘年会のアイデアもアリかもですね。

18

有名絵本作家とタモリさんの会話

絵本作家のレオ・レオーニ（1910〜1999）。

日本では、『スイミー』『フレデリック』『アレクサンダとぜんまいねずみ』などで知られています。

生まれはオランダのアムステルダムです。ベルギー、アメリカへと引っ越したのち、14歳のときにイタリアに移住したものの、1939年、ファシスト政権誕生によるユダヤ人迫害でアメリカに亡命。アメリカの国籍を取ったのち、1959年、孫のために作った絵本『あおくんときいろちゃん』で絵本作家としてデビュー。1962年にはイタリアに戻り、本格的に創作活動をスタート。約40冊の絵本を残したという経歴の持ち主です。

このレオーニさんの作品のなかで、とくに異彩を放っているのが、学術書の体《てい》で書かれた、『平行植物』という1冊。

これ、まあ、ひと言で言えば植物図鑑なのですが、最初っから最後まで、嘘っぱちなのです。

つまり、載っている植物はすべて想像の産物。

触れると粉と化す「アカゴタケ」、月光でのみ姿を現す「ツキノヒカリバナ」、夜にしか現れず近づけない「テングノボンテン」など、それっぽい特徴をもつ、それっぽい名前（訳者はたいへんだったことでしょう）の植物や、その発見者などの名前が出てくるのですが、登場する植物名・品種名・団体名・人名などは、すべてレオーニが考え出したものなのですね。

そんな架空植物について、大まじめに解説しているというところがジョークなわけです。

この冗談のような本が大好きなのが、タモリさんです。

デビュー当時、ハナモゲラ語なる、意味のない言葉をギャグにしていたタモリさんにしてみれば、自分の感性とシンパシーを感じるところがあったのかも。

あるときのこと。そんな2人が偶然に出会う機会がありました。

タモリさんがイタリア大使館を訪れる機会があって、そこに、偶然、レオ・レオーニさん本人がいたのです。

すると、このレオーニさん、初対面のタモリさんにイタリア語でペラペラと話しかけてきたそうで。

タモリさんはイタリア語なんてわからないので、横にいた通訳に「彼はなんと言っているのか？」と聞いたところ、通訳からはこんな答えが。

「この人、イタリア人なんだけども、デタラメなイタリア語をしゃべってます」

これを聞いたタモリさん。

すかさず、メチャクチャなイタリア語でしゃべり返しました。

2人のデタラメなイタリア語もどきの会話を聞いていた周りのイタリア人たちは大ウケだったそうです。

ふざけてきた相手に対して、こっちも**「真剣にふざけて」**返す。

「ユーモアには、ユーモアを！」です。

もし、ふざけてきたレオーニさんに対して、真面目に「ちゃんとしたイタリア語でしゃべってください」なんて返したら野暮の極みですよね。

レオーニさんが話しかけた相手がタモリさんで本当によかった。

「日本人はシャレがわからない」と、恥をかかずに済みました。


相手が「シャレ」できたら、「シャレ」で返すという「心の余裕」。

ぜひ、失いたくないものです。


（参考『タモリさんに学ぶ「人生の後半」を生きるコツ』内藤誼人著　廣済堂新書）

19

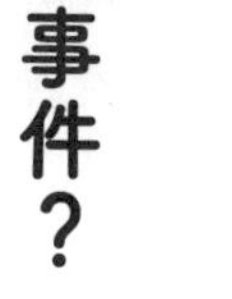

「アタック25」、コーヒーかけご飯事件？

２０２１年秋。歴史的クイズ番組『パネルクイズ　アタック25』（朝日放送・テレビ朝日系）終了。その報に触れ、懐かしさから、自分が出演したときのビデオを久しぶりに見直してみて、自分でも忘れていた、ある事件について思い出しました。

事件発生から、およそ40年。今、ここに、すべての真相を告白します。

私が同番組に出たのは１９８３年。司会はもちろん、児玉清さんでした。

当時のアタック25には、中盤戦に、「パーソナルクイズ」という、解答者各人にちなむクイズが出題されるコーナーがありました。

それは、たとえば、児玉さんの「赤の席の○○さんは、落語が好きでいらっしゃいます」という前フリのあとに古典落語の問題が出題されるとか、そんな感じ。

事件は、そのパーソナルクイズで起こったのです。

私の順番になると、児玉さんから、こんな前フリが……。

「さあ、続いては青の席の西沢泰生さん、なんと、ご飯にコーヒーをかけて食べるのがお好きだそうです」

へっ？　それ、誰のこと？　一瞬、そう思いました。そして、思い出したのです。

ああ、そうか、予選のときの自己PRのアンケート用紙に、少しでも目立とうと思って、たしか、そんなことを書いたような……。

おぼろげな記憶をたどる私。そんなこととは関係なく、問題が読まれます。

「ご飯にコーヒーをかけて食べるなどは、普通の人のすることではないようです。普通の人が食べるものでも、2つ一緒に食べるとよくないといわれるものがあります。うなぎに梅干しなどのように、こういうことを一般に……」

ボーンと、赤の席の方が解答ボタンを押して、「食べ合わせ」と正解。

私はと言えば、ダメ元で書いた1行ネタが、あろうことか本番で使われたことに驚いて、狼狽《ろうばい》し、金縛りになっておりました。

実はこのネタ。新聞でプロ野球のある外国人選手がそういうことをやっているという記事を読んで、ネタとして使わせてもらったもの。試しに一口だけ食べてみましたが、「ご飯にコーヒーをかけるのが好き」なんてことはないのでございます。

なのに、赤の方が正解したあと、児玉さんが私にツッコんできたのです。

「ちょっと、伺いますけど、青の方、ホントにご飯にコーヒーをかけてお食べになるんですか？」

（テレビカメラはまわっているし、もう、あとには引けません）

「ええ、ときどき」

「美味しいんですか、やはり？」

（児玉さん、なぜ、そこまで食いつく！）

「ちょっと変わった味がします」

「はあ、それは変わっているでしょうねぇ」

そこはそれでなんとか終わったのです。しかし、トップ賞の私に、パリ旅行への挑戦（人物当てクイズ）の前、児玉さんがふたたびインタビューしてきました。

「ところで、ご飯にコーヒーをかけて食べるというのは、いったいどういうことか

らそんなことを？」

「……えーと。前にどこかの外国人選手がそういうことをやっていると聞いて、ちょっと試してみたんです」

「それで、お砂糖も入れるんですが？」

「……いえ、砂糖は入れません」

「なるほど、ということは、ご飯にそのままホットコーヒーをかけると……。ちょっと想像がつかないんですが、どんな味がするんですか？」

「えっ……コーヒーの味ですけど……」

「そうですよね～。ホントです。それはそうでしょう（笑）」

いや～、悪いことはできないもの。就職のエントリーシートで自己ＰＲ欄を盛りまくってしまった学生が、面接官からの質問で窮地に陥るようなものですね。

ちなみに、人物当てクイズは、作家の村松友視《むらまつともみ》さんでした。私にとってはラッキー問題。テレビで口三味線《くちじゃみせん》（ウソ）をしたバチが当たらなくてよかった……。

冷や汗ものの体験でしたが、児玉さんがお亡くなりになり、そして、『アタック25』までなくなるとは……。すべては、良き思い出になってしまいました。

20 笑える自己紹介

私は、**「相手を笑わせる」というのは、究極のサービス**なのではないかと思っています。

アメリカでは、たしか、「始まってから3分経っても1度も笑いが起こらないスピーチは犯罪である」と言われていると聞いたこともありますから、アメリカにおいては、サービスを超えてマナーの域のようですね。

これ、スピーチだけでなく、自己紹介のときも同じです。

私の知人は、海外で、「○○○○（自分のフルネーム）です。日本から参りました。○○を学びたいと思っています。どうぞ、よろしくお願いします」と、日本なら至極、まっとうな挨拶をしたら、「保育園児がいる」と馬鹿にされたという経験を持っているそうです。

せっかくの自己PRの時間に、これといったアピールもせず、笑いの1つも取らないなんて、「あんたバカぁ?」というわけでしょうか。

私の知人で、ビジネスマンで、セミナー講師で、大学講師で、時間管理コンサルタントで、税理士で、そして、ベストセラー作家でもある石川和男さん。

あるとき、ご自身の52歳の誕生日に、「これまでの人生の履歴」をざっと紹介する一文をSNSに載せておられました。それがあまりに面白いので、石川さんの許可を得て、自分の人生を振り返るくだりをほぼそのまま紹介したいと思います。

【お先真っ暗! と母に言われた3歳。

姉に「ピッグって『優しい王子様』っていう意味だよ」と教えられ「ピッグあれ取って〜」と言われたら「豚」と呼ばれていることにも気づかず喜んで取りに行っていた5歳。

デビルマンに憧れて、「デビル」の意味も分からずに「神様! お願いですから、デビルにしてください!」と、もっとも頼んではいけない相手に願っていた6

歳。

ルパン3世は再放送するけど、ルパン1世、ルパン2世は、いったい、いつ放送しているんだろう！　と思っていた7歳。

姉の歳を越えて、いつか兄になるんだと思っていた8歳。

ゴダイゴのヒット曲『ガンダーラ』を、「ギャンダァ〜ラァ」と格好つけて歌っていた10歳。

松田聖子をふって、三原じゅん子と付き合う夢を見た13歳。

歯医者に行って、なぜか上半身裸になろうとした、危険なナイフな16歳。

ディスコでの初ナンパ。「お1人ですか？」と聞いたら、「8人です」と答えられた18歳。しかも所持金は2千円……。

鎖骨は左骨（サコツ）と右骨（ウコツ）に分かれていると思っていた19歳。

ZOOを「ゾウ」と読んでた20歳。

現金書留を「ゲンキンショルイ」と読んでいた21歳。

猛吹雪の札幌で、エッチビデオを返しに行く途中、除雪車に轢《ひ》かれそうになった22歳。でも走馬灯の中で、「せめて見た後で良かった」と思ったプラス思考の22歳。

「あの『コバン（KOBAN）』って、ケーキ屋でケーキ買って帰ろう！」と言ったら、「交番」だった27歳。

「51都道府県全部まわりたいね」と、不可能な夢を語っていた30歳。

パソコンを修理にいったら、修理屋でDVDデッキからすごくマニアックなエッチビデオが飛び出てきた35歳。

黒ひげ危機一髪より危機一髪！

人生は、いつでも、何歳でも、決めた瞬間から逆転できると知った44歳！！！

今、「お先」になったけど、（3歳のときに母に言われたほどは）そんなに真っ暗じゃない52歳！】

いや〜、素晴らしすぎます！　自分の恥をさらして、笑いを取ろうという捨て身のサービス精神！　尊敬します。

こんな自己紹介を自分も書きたいので、人生の失敗を書き出そうと思ったけど、何もやっていない59歳。でも精神年齢は35歳の私……。

21

「ジョーク脳」養成クイズ？

よくできた４コマ漫画やジョークは、「前フリ」と「ひねり」が実にきれいにキマっています。

ということは、オチに向けた伏線を読み解き、発想にひねりを利かせると、オチを推理することができるのです。

極端に言えば、よくできた４コマ漫画やジョークは、推理クイズに成り得る。

たとえば、「読売新聞」に掲載中の『コボちゃん』。

お手元にあったら、試しに４コマ目を隠して、３コマ目までを読んで、オチを考えてみてください。ちゃんと、最後のコマに向けて、前のコマで伏線が張られていることがわかっていただけると思います。

この「**この4コマ漫画やジョークのオチを考える**」ことは、**凝《こ》り固まった脳をほぐす頭の体操になります。**もちろん、ユーモアセンスあふれる「ジョーク脳」を磨くことにもなる。

では、コーヒーブレイクのひととき。有名なジョークを私がアレンジした、「ジョーク脳養成クイズ」で楽しんでいただきましょう。

問　次のジョークを読んで、そのオチを考えてください。

南米を旅行中、ある町を歩いていると、男たちが街角のテーブルでポーカーをやっているのに出くわした。よく見ると、そのなかの1人が正真正銘のイヌではないか！　驚いた私は、勝負を見物している地元の男に話しかけた。

私「あのイヌはポーカーができるのですか！　すごいなぁ、信じられない」

地元の男「ああ、でもなぁ、アイツ、たいして強くねぇよ、だって……」

さて、このあと地元の男は続けて何と言ったでしょう？　それがオチです。

正解のオチは1つですが、なにもそれを当てる必要はありません。

ジョークの前フリから、オチをいくつも考えることが、脳にとっては頭の体操になりますから、思いつくかぎりオチを考えてみてください。

もし、5分考えても1つもオチが浮かんでこなかったら、あなたの脳は、かなり凝り固まっていますよ。

いかがですか？　いくつかオチをひねり出せましたか？

では、正解発表の前に、私が考えたオチをいくつか……。

私「あのイヌはポーカーができるのですか！　すごいなぁ、信じられない」

地元の男「ああ、でもなぁ、アイツ、たいして強くねぇよ、だって……」

「…このなかじゃ、せいぜい、ピリから3番目くらいの強さだから」

「ポーカーのルールを覚えるのに3日もかかったんだぜ」

「うちのサルには1回も勝ったことがねぇからな」

「勝つのはせいぜい30回に1回くらいだから」

「何しろ肉球だろ。しょっちゅうカードを落として手がばれちゃうんだ」

「イヌだけに、ワンペアが好きでね」

おそまつさまです。あなたの答えと似た答えはありましたか？

それでは、そろそろ本当の答えです。元のジョークのオチは、こうでした。

地元の男「ああ、でもなぁ、アイツ、たいして強くねぇよ、だって……いい手がくると、シッポを振るから、すぐにわかっちゃうんだ」

やっぱりオリジナルはなかなかうまい。ポーカーもイヌも、両方とも、ちゃんと伏線になっていて、オチに活かされていますね。

現代は、クリエイティブな脳が評価される時代。今後は、4コマ漫画やジョークを読むとき、オチを隠して、少し考えてからオチを見てはいかがでしょう。

本当のオチより面白いオチが考えられるようになれば、一人前の「ジョーク脳」の持ち主です。

22

「恥ずかしい間違い」3連発!

私の知人に、接客マナーに関する企業研修やセミナーを実施する会社を設立されている、いわば、マナーのプロフェッショナルの方がいます。

その方が、あるとき、メールの相手に対して、お礼の返信をするとき、「お気遣いありがとうございます」とメッセージを打ち込んで、返信しようとしました。

今、まさに送信ボタンを押そうとした瞬間。

ふと、違和感があって、もう1度、メッセージを見直してみると……。

そこには、「お気遣いありがとうございます」ではなく、こう入力されていたそうです。

「お小遣いありがとうございます」

ぎゃーーーっ！　あ、あ、危なかった！

「おきづかい」と「おこづかい」。たった1文字違いで、恐ろしい違いです。見れば、パソコンのキーボード、「き」と「こ」が、すぐ斜め横に並んでいるではありませんか！　ワナか！

もし、一瞬の違和感で見直さなかったら、マナー講師として末代までの恥をかくところでした。

こういう、「あわや大恥」という間違いって、ありますよね。

私もよく、本の原稿でやらかしてしまい、校正ゲラで編集者さんから指摘を受けて、「よくぞ見つけてくださいました」と、感謝感激することがあります。

直近では、2020年に出したアスリートたちの名言とエピソードの本、『トップアスリートたちが教えてくれた　胸が熱くなる33の物語と90の名言』（PHP文庫）の原稿でのこと。

あるエピソードのなかに、スイスの世界的テニスプレイヤー、ロジャー・フェデラー選手が登場して、文中に何度も名前が出るのですが、私はそのすべてを「フェデラー」ではなく、こう打ち込んでいたのです。

「ファラデー」

うわーーっ。ファラデーって、イギリスの化学者・物理学者ではありませんか！クイズの世界では、「ベンゼンの発見者」として知られています。

スイスの一流テニスプレイヤーとはえらい違い。もし、編集者さんからの指摘がなく、そのまま本になっていたら、すべてに「訂正のお知らせ」を挟み込んでいただかなければならないくらいの大間違いでした。こ、怖っ。

最後は、以前に聞いたことがある、「出版した本を全品回収した」という、本に携わる者にとっては、身の毛もよだつような間違いの話。

「南京《なんきん》玉すだれ」ってご存知ですか？　日本の大道芸の1つで、「アさて、さて、さてさてさてさて、さては南京玉すだれ」なんて唄に合わせて、竹製のすだれをいろいろな形に変化させるというもの。昔はよく、新年の演芸番組で、縁起物として披露されて、テレビでも、よく見たものです。

この「南京玉すだれ」が、ある真面目な学術書のなかに、たった1か所だけ登場していたそうです。本ができあがって、書店に配送。そこまで進んで、編集者は、この部分の誤植に気がつきました。「南京玉すだれ」となっているべき部分が、こう印刷されていたのです。

「南金玉すだれ」

ひぃーーっ。み、「みなみ金玉すだれ」って、これでは下ネタではありませんか！

本は全品回収、そして刷り直しに……。

いや〜、笑える……ではなくて恐ろしい話です。

明日は我が身。この本でも、気をつけなければ……。

23

英語版の「うらにわには……」

うらにわにはにわにわにはにわにわとりがいる。

子どもの頃、「この文の意味わかる?」なんて、クイズで出されませんでしたか?

意味としては、「裏庭には2羽、庭には2羽、ニワトリがいる」です。でも、ひらがなだけで続けて書かれると、一見して意味がわかりにくい。

同じパターンで、ほかにも、「うりうりがうりうりにきてうりうりのこしうりうりかえるうりうりのこえ」↓「瓜売りが、瓜売りに来て、瓜売り残し、売り売り帰る瓜売りの声」なども有名です。

これと同じように、英語にも、一見して意味がわかりにくい文章例があるそうで。中学生の頃に、通っていた塾の先生が、こんな文章を教えてくれました。

I never saw a saw saw a saw!

意味、わかりますか？

答えを言うと、**「私は、のこぎりがのこぎりを切るのを見たことがない」**という意味です。

最初の「saw」は、「see」の過去形。2つ目の「saw」は「a」がついているので「のこぎり」という意味の名詞。3つ目の「saw」は「切る」という意味の動詞。そして、4つ目の「saw」はふたたび「a」がついているので「のこぎり」という意味の名詞ということになります。

これなどは、まさに英語版の「うらにわには……」ですね。

では、もう1つ、今度は、「that」がたくさん出てくる文章です。

I think that that that that that boy wrote is wrong.

これも、答えを先に言ってしまうと、「**私は、あの少年が書いた、あの『that』は間違っていると思う**」という意味です。

最初の「that」は、節を導く接続詞。それに、「あの少年が書いた、あの『that』という文字」という言葉が関係代名詞の「that」を伴って続くので、「that」だらけになっているという次第。

最後にもう1つ。今度は、日本の方言の例です。

秋田の方言で、次のように言ったら、どんな意味でしょう？

「**けけけ**」

笑っているわけではありませんよ。では、ここでヒント。

秋田の方言では、「け」という1文字に、およそ3つの意味があるそうです。

「け」の意味1　「**こっちにおいで**」

手招きをしながら、「け」と言っていたら、「おいで」って言っているのですね。

「け」の意味2　**「かゆい」**

身体をムズムズさせている人が、「け」と言っていたら、かゆがっているのです。

「け」の意味3　**「食べて」**

お菓子を勧められて、「け」と言われたら、「お食べ」って言われているのです。

これらから考えて、「けけけ」の意味、わかりましたか？

答えは、**「食べるなら、こっちにきて、お食べ」**でした。

そういえば、中学生の頃の私に「のこぎり」の英文を教えてくれた塾の先生は、アメリカ人に「saw a saw saw a saw」と書いた紙を見せて、「どういう意味か絵に書いてほしい」と言ってみたそうです。すると相手は、サラサラと「のこぎりでのこぎりを切っているところを誰かが見ている絵」を描いてくれたとのこと。

一瞬でわかるんですね。私も、今度、秋田県出身の方と話す機会があったら、「けけけ」と紙に書いて、意味がわかるかどうか、聞いてみたいと思います。

「へえ〜っとなる
心が刺激される話」

ブラックコーヒー
とともに読みたい

24 黒澤明監督が作らせた「やぐら」の話

「骨折り損のくたびれ儲け」という言葉があります。

せっかく苦労してやったのに、なんの成果もなかったということ。

上司から言われて説明資料を作ったのに、結局、会議で使われなかったとか……。

でも、それって、本当に「ただの無駄」だったのでしょうか?

『生きる』や『七人の侍』など、映画の歴史に残る名作を数多く残している巨匠、黒澤明監督。納得できる絵が撮れるまで、いっさい妥協しない完ぺき主義者として知られました。

空の雲の形が気に入った形になるまで撮影するのを待ったり、蟻《あり》の行列が気に入った動きをするまで待ったり……。CGがない時代でしたから、スタッフはたいへんだったことでしょう

これは、そんな黒澤監督を支え、「黒澤組」と呼ばれたスタッフのエピソードです。


ある映画の撮影中。

黒澤監督がものすごく高いところから、俯瞰《ふかん》映像を撮りたいと言い出しました。

しかし、ロケ地の近くには高い場所なんてありません。

今なら、ドローンで一発ですが、もちろん、そんな便利なものもない時代。

言われた、スタッフはどうしたか？

木材を調達して、高い「やぐら」を組み、クレーンのようにして、監督とカメラが上に上がれるようにしたのです。

ここまででも、現在の映画界からすればとても贅沢な話。

しかし、この話には続きがあります。

このやぐらに上がってカメラをのぞいた黒澤監督、降りてくるなり、スタッフたちにこう言ったのです。

「思っていた映像と違ったから、このやぐらは要らない」

私がスタッフなら、「なにーーーっ！」です。

な、なんと理不尽な。

会社で言えば、「明日までにこの企画書を作ってくれ」って言われて、徹夜で仕上げたら、次の日に「その企画はボツになった。企画書は要らなくなったからシュレッダーしておいて」って言われるようなものですよね。

しかし……。

当時の黒澤組のスタッフさんは、のちにテレビのインタビュー番組で、「そんなことを言われて腹が立ちませんでしたか？」と質問されて、こう答えていました。

「やぐらに上がって実際に見ることで、監督はその景色が使えないと判断した。使えないとわかったことに意味があるのだから、やぐらを組んだのは無駄ではない。

むしろ、大いに役に立った」

はー、まさに、プロフェッショナルの言葉です。

そう言えば、明石家さんまさんは、かつて、バブルの頃、バラエティ番組のスタッフが、どんなに大掛かりなセットを作っても、そのセットをひと目見ただけで、「おもろないから、使わない」と言って、本当に使わないことがあったそうです。

曰く、「**このセットでは、おもろくなりようがない**」と。

バブル時代ならではのエピソードでしょうが、毎回、1つのコントのために渾身のセットを作ったスタッフさんも、それに対して妥協を許さなかった、さんまさんも、両方とも「プロだなぁ」って思ってしまいます。

どんなに手間と時間がかかっていても、満足がいかなければ使わない……これってアーティストの考え方です。ビジネスパーソン的な発想なら、「**与えられたものでベストを尽くす**」が正解なのでしょうね。

私は、どちらかというと、そっちです。「編集者さんからの希望をかなえたうえで、読者のためにベストな原稿を書く」をモットーにしています。

25 「モナ・リザ」がルーブル美術館にある理由

イタリアのルネッサンスを代表する天才、レオナルド・ダ・ヴィンチ。

その代表作といえば、なんと言っても「モナ・リザ」でしょう。

私が子どもの頃、たぶん、生まれてはじめて知った「世界の名画」はこの「モナ・リザ」でした。

名画の代名詞と言っても過言ではないかもしれません。

ちなみに私は、かつてテレビ番組の『パネルクイズ　アタック25』で優勝してパリへ行かせていただいたとき（私が優勝した頃の商品は、パリ・ニース旅行でした）、ルーブル美術館で、本物の「モナ・リザ」を見たことがあります。

数ある展示作品のなかでも、ひときわ強烈なオーラを放っていたのを、今でも覚えています。

さて、ここで疑問。

イタリアを代表する大天才が残した国宝級の作品が、どうして、フランスのルーブル美術館にあるのでしょうか？

考えてみれば不思議ですよね。

もしかして、ナポレオンが遠征したときに戦利品として持ってきてしまったのでは？　歴史に詳しくない私などは、ぜんぜん時代が違うのに、ナポレオンに濡れ衣を着せてしまいそうです。

ではどうして、この名画がイタリアにあるのか。

それはひとえに、**レオナルド・ダ・ヴィンチのルーズな仕事ぶりのせい**なのです。

実はダ・ヴィンチさん。その完璧主義ゆえ、絵の依頼者からの納期をまったく守らない画家でした。

この「モナ・リザ」も然《しか》り。依頼があり、制作を開始したのは１５０３年のこと。しかし、4年経っても完成せず、しびれを切らした依頼主からは、とうとう、「もう要らない」と契約を破棄されてしまいました。

「今度の仕事はダ・ヴィンチに頼もうと思うんだ」

「えっ？　あのダ・ヴィンチ？　やめといたほうがいいよ、あいつ、絶対に納期を守らないから」

「あー、そうなんだ。じゃあ、やめとこうかな」

そんな会話が、貴族たちの間が交わされたかどうかは定かではありませんが、いつも納期を守らないダ・ヴィンチの「職業画家」としての評判は最悪。

とうとう、イタリア国内では、彼に仕事を依頼する貴族はゼロに。

仕方なく、ダ・ヴィンチは、1516年、フランス王フランソワ1世の招きに応じてフランスに渡ります。このとき、描きかけだった「モナ・リザ」も持参していました。つまり、名画「モナ・リザ」を国外に持ち出したのは、ほかならぬ、ダ・ヴィンチ自身だったわけです。

ダ・ヴィンチは、フランスに渡ってからも、ずっと「モナ・リザ」を手元に置き、チマチマと、手を加え続けていたといいます。

やがて、ダ・ヴィンチは1519年に死去。

「モナ・リザ」を含む遺品は、その弟子が引き継ぎ、それをフランソワ1世が買い取って、ずっと宮殿内にあったのですが、フランス革命後は、ルーブル美術館の所蔵品になったというわけです。


もし、ダ・ヴィンチが、依頼主の納期を守るビジネスマンとして真面目な画家だったら、「モナ・リザ」は、依頼主のものになっていたはず。ルーブル美術館で飾られるどころか、もしかしたら世に出ることもなかったかもしれません。

そもそも、納期どおりに完成させていたら、気が遠くなるほどの加筆による、究極のスフマート（輪郭線をぼかすことで立体感を出す技法）は生まれなかったことでしょう。

納期なんて守らず、ビジネスマンとして失格でも、本物の芸術家によって、偉大な「仕事」が誕生するというのは、今も昔も変わらないようです。

26 「知らないかぶり」の魔法

現役の高校教師にして、「悩める先生たち」に向けた本を20冊近く執筆されている栗田正行さん。

その栗田さんの著書を読んでいたら、魔法のような効果がある「**知らないかぶり**」の話が出ていました。

知らないのに、知っているふりをするのは、「知ったかぶり」。

その反対に、知っているのに、知らないふりをすることが「知らないかぶり」ですね（たぶん、栗田先生の造語）。

あるとき、栗田先生は、自分に仕事を教えてくれた尊敬する先輩の先生が、後輩にアドバイスをするところを見ていました。

すると、その先輩、当然知っているはずのことを「知らないふり」をしながら、後輩と話をしていることに気がつきます。

ズバリと答えをアドバイスできるのに、「自分もよくわからないけど」とか、「もしかしたら、○○かもしれないね」とか、知らないふりをしているのです。

アドバイスを終えた先輩に、栗田先生は、「ご存知のはずのことを、なぜ、知らないふりをして話したんですか？」と聞いてみると、およそ次のような答えが返ってきたそうです。

「栗田先生は、心のどこかで、アドバイスを『自分の知識をひけらかすこと』だと思っていませんか？　自分より物を知っている人から、上から目線でアドバイスをもらっても、嬉しいと思う人はそんなにはいません。だから、やたらと知識をひけらかさないほうがいいんです。少し、疑問を投げかけるくらいでいい」

たしかにそうかもしれませんが……。栗田先生は聞きます。

「でも、そんなことをしていたら、相手から、『この人は、知らない人だって思われませんか？」

「今、相手はそう思っているように見えましたか？」

「い、いえ……」

「そうでしょう。反感を持って聞かれるより、素直に聞いて参考にしてもらったほうがいい。知らないふりをして困ることなんかいっさいないんです。『知ったかぶり』よりも知らないふりをして簡単に話さない。これが人と人がかかわる仕事の鉄則なんですよ」


目からウロコの先輩の言葉。

栗田先生は、それ以来、先生方や子どもたちと話すときに「知らないかぶり」を実践してみました。

すると、魔法のように相手がどんどん話してくれるようになり、「栗田先生はお話上手ですね」なんて言ってもらえることが増えたというのです。


いや～、素晴らしいですよね。

でも、この「知らないかぶり」。

実際にやるのはなかなか難しい。

私なんぞは、かつてはクイズ番組に出たり、それこそ雑学の本（『伝説のクイズ王も驚いた予想を超えてくる雑学の本』三笠書房王様文庫）まで出したりしているので、なかなか、「へえ〜、知らなかった」って言いにくい。

相手が「本のネタになるんじゃない」なんて言って話してくれる雑学話について自分が知っていると、つい、「あっ、それ知ってる」と言ってしまうのです。

もし、そこで、「へえ、そうなんだ〜」って「知らないかぶり」をして聞き続ければ、**相手は、そのネタについて、こっちが知らないことまで深く教えてくれるかもしれない**のに……。

栗田先生の本を読んで、あらためて、自分は「知らないかぶり」ができない器が小さい人間だと、反省したのです。

（参考『いつも人間関係に振り回されてしまう先生へ』栗田正行　学陽書房）

27

彼女を他人に紹介するときに

タレントの山瀬まみさんのエピソードです。

彼女がまだ学生だった頃のこと。当時、付き合っている彼氏がいて、山瀬さんは、ときには彼の下宿へ行ってご飯を作ってあげることもあったそうです。

そんなある日。彼といるときに、彼の男友だちと会って、自分が紹介されるというシチュエーションになったことがありました。

そのとき、山瀬さんは、ふと期待します。

彼、自分のことをなんて言って紹介してくれるんだろう？　もしかして、「オレの大事な彼女」なんて言われたら、ちょっと嬉しいな……。

それなのに、その彼、山瀬さんのことを友だちに、こう紹介したのです。

「あっ、こいつ。オレの飯炊き女」


このひと言を聞いた山瀬さん。速攻でその彼とお別れしたそうです。

当然ですよね。

まあ、その彼にしてみたら、照れ隠しもあったかもしれません。

でも、それにしても、「飯炊き女」ってあなた……。死語です。


さて。

次は、山瀬さんの元カレとは真逆のケース。

営業コンサルタントであり、コミュニケーションに関するベストセラー本も出版されている浅川智仁さんのエピソードです。

それは、浅川さんがまだ大学生だった頃のこと。お父さんの仕事の関係で、ある外国大使館のパーティーに参加する機会があったそうです。

もちろんまだ独身だった浅川さんは、当時お付き合いしていた彼女と同伴でパーティーへ。

そして、パーティーの参加者たちへ彼女を紹介するとき、浅川さんはこう言ったのです。

「紹介します。僕の宝物です」

浅川さんは、このひと言だけ、キッチリと英語を覚えていったというのですから素晴らしい。

浅川さんがそう言って彼女を紹介した途端、周りの外国人たちは、「ワォ！」と歓声をあげたそうです。そして、口々に、「なんてセンスがいい日本人大学生なんだ！」と大絶賛。紹介された彼女も大喜びだったとか。

人を褒めるのって難しいですよね。

面と向かって褒めると、照れくさいし嘘くさい。

でも、実は、この**「第三者に紹介するときに褒める」というのは、人を褒めるときの上級テクニック**なんです。

それなのに、日本人は、なぜか家族などを他人に紹介するとき、つい、いらぬ謙遜をしてしまう。

それ、古いです。はっきり言って昭和です。

「自慢の息子です」「自分にはもったいない、最高の妻です」「日本一の旦那なんですよ」

家族を絶賛できる人って、カッコイイと思います。

家族でなくても、たとえば上司が、自分のことをお客様に、「**彼、新人なんですが、ものすごく優秀なんですよ**」って紹介してくれたら、「この人に一生ついて行こう」なんて思えませんか？

山瀬さんの元彼氏も、もし、「**彼女、優しくて、料理の天才なんだよね**」って紹介していたら、山瀬さんから愛想を尽かされることもなかったでしょう。

（参考『できる人は、3分話せば好かれる』浅川智仁著　三笠書房）

28 ナポレオンが「重要」だと言った「○○時間」

問題　フランスの皇帝、ナポレオン。このナポレオンが生まれた島の名は？

これって、かつてのクイズ番組では定番問題でした。

ちなみに答えは、コルシカ島。

イタリア半島のすぐ横にあるフランス領の島です。

つまり、ナポレオンは、フランスの皇帝でありながら、血統で言えばイタリア系で、生粋《きっすい》のフランス人ではないんですね。

家族の都合で、子どもの頃にフランスに渡ったナポレオンは、陸軍系の小学校に入ります。そこでは、田舎者として、ずいぶんいじめられたといいます。

長じて、軍隊に入りますが、当時のフランス軍の上官たちはすべてフランスの貴族ばかり。ナポレオンが出世する余地はありませんでした。

もし、フランスがそのままの状態だったら、英雄ナポレオンが世に出ることはなかったでしょう。

しかし、フランス革命によって、ナポレオンに運がまわってきます。

ルイ16世が処刑されたことで、フランス軍の上層部にいた貴族たちは、身の危険を感じて次々と亡命したのです。

気がつけば、軍の上官たちがごっそりといなくなっていました。

ナポレオンは、このときを待っていましたとばかりに、出世街道を駆けあがったというわけです。

さて、ここで、もう1問クイズ。

問題　ナポレオンの名言です。〇〇に入る言葉は何でしょう？
「人生という試合でもっとも重要なのは、〇〇時間の得点である」
ヒント　もしスポーツなら「無得点」になる時間です。
答えは、次ページ。

ナポレオンの名言クイズの答えです。

「人生という試合でもっとも重要なのは、○○時間の得点である」の○○の部分に入る言葉。

それは……。


休憩。


ナポレオンは、「**人生という試合でもっとも重要なのは、休憩時間の得点である**」と言ったのです。

つまり、なかなか芽が出ずにくすぶっている時間に、自分の爪を研いでいるかどうかが重要だと。

休憩時間とは、別の言葉で言えば、充電時間でしょうか。

表現はどうあれ、その貴重な時間に、「どうせ自分は……」と、ふて腐れているようでは、チャンスがめぐってきてもそれを活かすことはできません。

芽が出る前に、どれだけの蓄積をしているか？

動けないときに、どれだけ未来へ向けて、種まきをしているか。

それによって、突然、チャンスがめぐってきたときに活かせるかどうか、さらに、光が当たったあと、活躍を継続できるかどうかで決まります。

私がよく行く中華料理屋さんは、2020年のコロナ禍《か》に半年以上もお店を閉めていました。それが、この前、久しぶりにそのお店に行って驚きました。なんと、店舗のすぐ前の道を挟んだ向かいに、「24時間営業のギョウザ販売機コーナー」を作っていたのです。

たぶん、コロナ禍で、店舗を閉めている間に段取りをつけて、目の前のテナントと契約し、ギョウザの自動販売機コーナーを作ってしまったのでしょう。

これなど、動きが取れず、本来なら無得点の時間を使って、しっかりと点を稼いだ例だと思います。

「休憩時間」に、いかにして得点を積むか。

ものすごく重要なのですね。

（参考『最強の教訓！ 世界史』神野正史著 PHP文庫）

29

ジョブズをやり込めたCMクリエイター

アップル社の設立者の1人、スティーブ・ジョブズ。

完璧主義者で、部下に対しても妥協を許さないことで有名でした。

技術者が「これ以上は小さくできません」と言った製品のサンプルを、その場で水槽に沈めて、「見ろ、泡が出た。まだ、小さくできるはずだ」と言ったというエピソードは有名ですよね。実は、そのエピソードは、別人のエピソードが、いつの間にかジョブズの話になってしまったらしいのですが、こんな話が伝説として残るくらい、現場の人間を追い詰める仕事ぶりだったということでしょう。

これは、そんな、わがままジョブズ（失礼！）をやり込めた男の話。

その人物の名はリー・クロウといいます。アップル社のブレインを務めたクリエイティブディレクターです。

それは、アップル社が「iMac」の売り出しを考えていた頃のこと。

ジョブズはリーさんに、30秒間のCMのなかに4つから5つのメッセージを盛り込むことを要求しました。

その要求を聞いたリーさんは、おもむろに、メモ帳から5枚の紙をちぎります。

そして、その1枚1枚をクシャクシャと丸めて5つの紙のボールを作る。

「スティーブ、キャッチしてくれ」

そう言うと、リーさんはそのうちの1つをジョブズに投げます。

難なくキャッチするジョブズ。リーさんにそれを投げ返します。

「**これが良い広告だ**」とリーさん。

「またキャッチしてくれ」

そう言うと、今度は丸めた紙の玉を5つとも、いっぺんにジョブズのほうへ投げたのです。

ジョブズは1つもキャッチできず、紙の玉はすべてテーブルや床に落ちてしまいました。

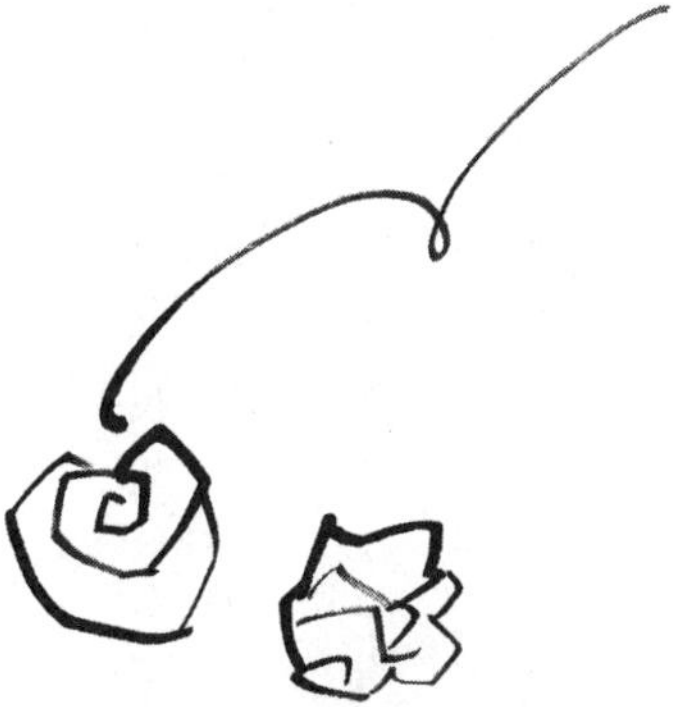

その様子を見ながら、リーさんはジョブズにこう言ったのです。

「これが悪い広告だよ」

30秒間のCMのなかに4つも5つもメッセージを盛り込んでも、視聴者はなに1つキャッチできない……というわけですね。こんな回答をされては、さすがのジョブズも納得せざるを得なかったでしょう。

広告の世界では「ワンキャッチ、ワンビジュアル」という言葉があるそうです。

1つのビジュアルに対して、1つのコピー。

広告を見てくれた人が受け取りやすいのは、このシンプルな組み合わせだという意味だとか。

これ、本の世界も一緒です。

私は、毎月、著者と編集者が集まって本の企画について議論をする情報交換会に参加しています。その会で「初めて本を出そうとしている人の本の企画」に対して、しばしば、出る意見が、次のようなものなのです。

「結局、何を伝えたい本なのかがわからない」

初めて本を書く人は、つい、あれも書きたいこれも書きたいとなってしまい、1冊のなかに「言いたいこと」を盛り込み過ぎてしまうのですね。

結果、読者が「何も受け取ることができない本」になってしまう……。

ちなみに、リーさんにやり込められたジョブズは、こんな言葉を残しています。

「シンプルであることは、複雑であることよりも難しい」

他人に何かを伝えたいとき。

もっともよいのは「シンプルイズベスト」！

覚えておいて損のない「大原則」です。

えっ？「この本はどうなんだ」ですって？

ずばり、「コーヒーブレイクのお供になる本！」。シンプルです。

（参考『心をつかむ超言葉術』阿部広太郎著　ダイヤモンド社）

30 セレブ層を相手にするために やった、3つのこと

アメリカにスティーブ・コーエンという、お金持ち相手にマジックショーをするマジシャンがいます。

一流ホテルでマジックショーを開いたり、お金持ちのホームパーティーに招かれたりと、お仕事はいつもそんな感じ。

もともとは「普通の手品師」でしたが、自ら「普通のマジシャンから抜け出して、富裕層専門のマジシャンになる！」と決めて、それに成功したのです。

このコーエンさんが、普通の手品師から富裕層専門のマジシャンになるために実行したことは、大きく3つでした。

富裕層専門のマジシャンになるためにやったこと　1つ目
自分は「ミリオネアズ・マジシャン（富裕層のための手品師）」だと名乗った。
名刺にもそれを金文字で明記したそうです。別に「富裕層のためのマジシャン」という国家公認の免許があるわけではありません。それなら、名乗ったもん勝ちですよね。

富裕層専門のマジシャンになるためにやったこと　2つ目
イメージチェンジした。
それまでは、いわゆるマジシャンスタイルでしたが、高価なイタリア製スーツを何着も購入し、腕時計もフランクミュラーに変え、すっかり、セレブ相手の自分にイメチェンしました。さらに、自分の「プロモーション動画」を作成し、ホームページも一新したのです。

富裕層専門のマジシャンになるためにやったこと　3つ目
実はこの3つ目に彼がやったことは、家族や友人、マネージャーから反対されたそうです。

しかし、彼は「自分が富裕層専門のマジシャンになるため」に、強い意志を持って、3つ目のことを実行したのです。

あなたには、彼が何をやったかわかりますか？

彼がやった3つ目のこと。

それは……。

「安い仕事のオファーを断った」

コーエンさんは、言っています。

「私は自分自身が、手を伸ばさなければ届かないような高い枝についたリンゴになると決めた」

誰にでも簡単に手の届く、低い枝に生《な》るリンゴにならないために、安い出演料の依頼は、涙を飲んですべて断ったのです。

その結果……。

彼は、高級ホテルでのショーが数か月先までキャンセル待ちという、セレブ層専用の人気マジシャンになることができたのでした。

かつて、名優の高倉健さんは、後輩の役者に「一流の役者になりたければ、安い仕事を受けるな」と釘を刺したことがあるそうです。

曰く、**「自分を安売りするな」**。

コーエンさんのエピソードに通じる言葉ですね。

私見ですが、この健さんの考え方を今でも実践している伝説のスターは、もう吉永小百合さんくらいでしょうか。

給料が決まっているサラリーマンには関係ない考え方かもしれません。でも、フリーランスにとっては、たとえば自分のセミナーをいくらに設定するかなど、とても大切な視点だと思うのですが、いかがでしょう。

（参考『見るだけで9割かなう！　魔法の宝地図』望月俊孝著　KADOKAWA）

31

鬼の上司が、部下に、言うことを禁止した言葉

想像してみてください。

もし、あなたが、退職予備軍のようなダメ営業ばかりがいて、潰れかけている支店の支店長に就任させられたとしたら……。

あなたは、どうやって支店の売上を右肩あがりに改善させますか？

ダメ社員たちの意識を、どのようにして変化させますか？

現役のビジネスマンにして、『リーダーの鬼１００則』（明日香出版社）や『強運だけを引き寄せる習慣』（祥伝社黄金文庫）などのビジネス本の著者、早川勝さんがまさにそうでした。

早川さんは、前職の保険会社時代に、「会社のお荷物」と呼ばれていたある支社

の支社長に配属になり、その支社を、全国の支社のなかでダントツの成績にまで押し上げたのです。

いったいどうやって？

いろいろなことを実行したなかの1つに、早川さんが、その当時、部下たちに「ある言葉を言うことを禁止した」という話があります。

さて、どんな言葉を禁止したか、わかりますか？

なんと、部下たちに、上司である早川さんと会話するときに、その言葉を言うのを禁止してからというもの、部下たちの営業成績がグングン上がりはじめたというのです。

えっ、

「『どうせ』とか『でも』などの後ろ向きな言葉じゃないか」ですって？

違います。

それどころか、一見、前向きに聞こえる言葉です。

部下たちが、上司である早川さんと会話するときに、言うのを禁止された言葉。

それは……。

「頑張ります」

早川さんは、一見、耳ざわりがよい、この言葉を言うのを禁じたのです。

そのココロは、**「頑張らなくてもよいから、シンプルに目の前の『成果』と直面させたかった」**から。

そもそも、営業にとって大切なのは、目標達成に向けて、計画的かつ効果的に行動しているかであって、**「頑張っているかどうか」には、あまり意味がない**と。

さらに言えば、上司から「できるか、できないか」を問われたとき、部下は、はっきりした答えの代わりに「頑張ります」と言うものだと。

その「頑張ります」の意味は「できる自信はないから、できますとは言いきれないけど、できるだけ努力します」ということだと。

「どうだ。できるか？」

「はい、頑張ります！」
「よし、その意気で頑張れ！」

早川さんは、こんな上司と部下の会話は、**茶番、あるいは、ただのセレモニー**でしかないとおっしゃっているのです。こんな会話をしているようでは、結局、目標には届かなくても、「頑張ったんだからいいじゃないか」で終わるだけだと。

早川さんは、自分の部下たちに「頑張ります」と言う代わりに、**「いついつまでに〇〇をやります！」**と宣言させるようにしたのです。そうやって、目標と期限を宣言させれば、部下は勝手に頑張らざるを得ないというわけですね。

「チーム目標を達成したければ、あなたのチームから『頑張り屋』を追放すれば、本物の『頑張り屋』が粛々《しゅくしゅく》と動き出す」

こういう言葉は、実際にダントツの支社を作りあげた人でないと言えない言葉だなと思ってしまいます。

（参考『リーダーの鬼100則』早川勝著　明日香出版社）

博《はか》多《た》華《はな》丸《まる》・大《だい》吉《きち》、生放送ハプニングでの神対応

32

私はかつて『アメリカ横断ウルトラクイズ』（日本テレビ系）という番組で、ニューヨークまで行きました。おおまかに言うと、国内予選を勝ち抜いた一般人が、クイズをしながらアメリカ大陸を移動し、チェックポイントの敗者は即帰国、というルール。その、各チェックポイントの収録は、**スタートがかかったら途中でカメラが止まることはいっさいなく、当然、解答者には台本もありませんでした。**

もちろん、あとから音楽や効果音は入れて放送しますが、元の素材は、素人がクイズをやる姿をドキュメントとして一気に収録していたわけです。

今、思えば生放送のようなノリ。にもかかわらず、チキンハートな私があまり緊張しなかったのは、やはり、スタジオ収録ではない開放的な雰囲気と、負けて、途中帰国したくないという気持ちでクイズをやっていたからだったと思います。

私はこのほかにもクイズ番組にたくさん出演しましたが、生放送の経験はありません。生放送への出演は、物書きになってから、せいぜい、知人が司会をしているネットの番組でゲストとして生出演し、テキトウなおしゃべりをしたくらい。

ですから、テレビを見ていて、**生放送中のハプニングに見事な対応を見せるタレントさんは、それだけで尊敬してしまう**のです。

あるお笑い番組の生放送で、コントのセットにまだ演者がいないのに、カメラが無人のセットに切り替わってしまったことがありました。

そのとき、ひな壇に座っていたお笑いコンビ・ぺこぱの松陰寺《しょういんじ》太勇《たいゆう》さんが、自分の持ちネタを活かして、すかさずこう言ったのです。

「オレに任せて！　時を戻そう！」

やりますね。こういうことは、スキあらば、自分のギャグをねじ込もうって常に思っていないと出てこないと思います。

生放送のハプニングでの神対応をもう1つ。

番組は、NHK総合の朝の生番組、『あさイチ』。神業の対応を見せてくれたのは、博多華丸・大吉のお2人です。

その日のゲストは歌手の森高千里さん。

それは、大吉さんと森高さんが話をしているときのことでした。

なぜか突然、意味不明のこんな音声が流れたのです。

「いつ、帰ってきたんですか？」

「昨日です」

「石森さんたちが…」

なんだか、ドラマのワンシーンのような、会話の音声。

「どうした？」と、独りごとのようにスタッフに聞く大吉さん。

近江友里恵アナウンサーも思わずイヤーモニターを押さえる。

と、ここで大吉さんが続けてこう言ったのです。

「ちょっとね、僕の特技の腹話術を。いっこく堂さん仕込みの。いつか出そう、いつか出そうと思って、今日出しちゃいました。ごめんなさい」

このとっさのアドリブ対応に、すかさず華丸さんがツッコミます。

「言っといて〜！　こんなタイミングで出すかね〜」

この2人の機転によって、なぞの音声トラブルは、笑いで収まったのです。

実は、この「なぞの会話音声」は、ゲストの森高さんが18歳のときに出演したNHKのドラマ「まんが道《みち》　青春編」（1987年）の音声でした。

あとで、映像を流すはずだったものが、手違いで、先に音声だけが流れてしまったのが真相。

いや〜、すごい！　一瞬の判断で、ジョークによって不測の事態に対応した大吉さんもスゴイし、それに即座にツッコミで反応できる華丸さんもさすがです。

この対応力の高さが、彼らをNHKの朝の顔にまで引き上げたのだなと、あらためて納得。ちなみに、お2人は、別の民放番組で、実際に、いっこく堂さんから腹話術を学んだことがあり、そのときのことがとっさに浮かんだのですね。

この臨機応変な対応力、爪のアカほどでもよいので、あやかりたいものです。

33

ハンニバルが兵たちに伝えていたこと

ハンニバルってご存知ですか？
クイズの世界では、次のような問題で有名です。

問題　ポエニ戦争のとき、ゾウを使ってアルプス越えをしたことで知られる、カルタゴの将軍は誰でしょう？（答え　ハンニバル）

えっ？「ポエニ戦争って何？」「カルタゴってどこ？」ですって？
ツッコミどころ満載とは思いますが、ここでは説明は省きます。
まあ、紀元前の大昔の戦争で活躍した、大昔の名将だと思ってください。

そのハンニバルの、カンネーの戦い（紀元前216年）でのエピソードです。

相手はローマの大軍です。

いっぽう、ハンニバルが率いるカルタゴ軍は、圧倒的に兵士の数で不利。

しかも、この戦いの最中に、カルタゴ軍は、ローマ軍に中央を突破されてしまうのです。

中央を突破されたら、普通なら、兵士たちは「これは負けだ」と士気を失い、一気に総崩れになるもの。

しかし、このとき、カルタゴの兵たちはビクともせず、ついに、数でまさるローマ軍を打ち破ったのでした。

ここで、いきなりクイズです。

中央を突破されたカルタゴの兵たちの士気が落ちなかったのは、実は、戦いの前に、ハンニバルがあることを兵たちに伝えていたからでした。

さて、ハンニバルは兵たちになんと言っていたか、わかりますか？

ちなみに、ハンニバルは、戦いの前に、「これは、もしかしたら敵に中央を突破されるかもしれない」と思っていました。

それを見越して、兵たちにあることを伝えていたのです。

ハンニバルが戦いの前に兵たちに伝えた言葉。

それは……。


「中央が突破されるかもしれないが、それも作戦のうちだから、いっさい心配はいらない」


さすが、2千年後に、クイズ番組で名前が出題されるほどの名将！

中央が突破されることよりも、兵たちの士気が落ちることのほうを心配して、事前に手を打っておいたというわけです。

対するローマの兵たちにしてみたら、中央を突破されたにもかかわらず、まったく士気が落ちないカルタゴの兵たちの姿に脅威を感じたことでしょう。

リーダーの言葉で、不利な戦いでも勝つことができるのですね。

そういえば、同じく、兵の数で圧倒的に不利な戦いである桶狭間《おけはざま》の戦いに勝利した若き日の織田信長は、兵たちにこんなことを言っていたそうです。

「臆病者の目には、常に敵が大軍に見える」

その数、2万5千とも4万5千とも言われた今川義元軍は、わずか2千の織田軍の兵から見れば、誰がどう見たって大軍なんですが、大将にそう言われると、「んっ？　もしかして、自分が臆病だから大軍に見えるのか？」なんて、思えてこないこともありません。

さらに信長は、**「絶対は絶対にない」**とも言っていたそうです。兵の数が多いほうが絶対に勝つとは決まっていないというわけですね。

上に立つ人間のひと言は、本来、かくのごとく力がある。

今の日本に、ハンニバルも信長もいないのが残念……と思うのは私だけ？

34

直観が当たる確率

あなたは、自分の「直観（ひらめき）」を信用していますか？

イスラエルのある大学の研究によると、**人間の直観は90パーセント近い確率で的中する**ことが証明されているのだそうです。

「なんとなく、こう感じる」という、この「直観」。

一見、なんの根拠もなさそうですが、さにあらず！

実は、この「**なんとなく」は、脳がこれまでの人生でインプットしてきた膨大な経験やデータから無意識のうちに正解を導き出している**のだとか。

ですから、**直観の定義は**、「**論理的な思考や意識的な観察を介さず無意識に意思決定や判断が行われること**」なのだと。

「イイ話だけど、なんとなく、ダマされているような気がする」

「出席したらいいことがありそうな集まりだけど、なんとなく、気が進まない」

この「なんとなく」が実は重要で、脳がちゃんと正しい答えを導き出していて、それを訴えかけてきてくれているのですね。


たとえば、知らない街角でコンビニを探していて、分かれ道で右に行くか左に行くか迷ったとき。

「なんとなく右かな」

そう思って、右の道に行ってみたら、大正解ですぐにコンビニがあった。

と、そんな経験ありませんか？

これも、やっぱり、偶然ではなく、「これまで生きてきて見てきた、さまざまな街の作りや、こんな雰囲気の道にコンビニがある」と、そういう過去のデータから答えをはじき出しているのです。

「勘がイイ人」というのは、「当てずっぽうがよく当たる人」というわけではなくて、無意識に、「過去のデータから答えを導き出すのがうまい人」ということなのですね。

なるほど、それなら、「俺の勘はよくあたるんだ」って言っている人のことを少しは信用してもよいのかなって思えてきます。

ベテランの刑事や探偵が、ある判断の根拠を訊ねられて、「勘です！」って言い切るのも、さもありなんなのですね。

とは言え、どうせ信じるなら、他人の「なんとなく」よりも、自分の直観を信じるほうが、外れてしまったとしても納得できますよね。

ちなみに、先のイスラエルの大学の研究によると、この直観は、とくに**「初対面の相手の第一印象」**での的中率が高いとのこと。

話しはじめてすぐに、「気が合いそうだな」って思える人。

逆に、すぐに、「あっ、この人とは気が合わない」って思える人。

さらに、「親切そうに見える人だけど、なんとなく、裏がありそうな気がする」って思える人。

それらの第一印象、たいがい、正解です。

「この人は、○○大学出身だから頭がいいはずだ」とか、「○○地方の出身者だから気が強いのでは」など、先入観や思い込みよりも、直観による第一印象のほうがよほどたしかなのですね。

最後に、くだんの大学によれば、**判断に迷ったときは、「最初の2秒で感じた、『なんとなく』の直観に頼るのがよい」**とのこと。

この話、信じるか信じないかは、あなたの直観にお任せします。

（参考『直観力』メンタリストDaiGo著　リベラル社）

35

コーヒー好き列伝

あなたは1日に何杯のコーヒーを飲みますか？

えっ？「せいぜい、1、2杯？」普通はそんなものですよね。

でも、歴史を紐解くと、コーヒーがなければその日を越せない、というコーヒー好きがいたようで……。そんな、コーヒー好き列伝です。

コーヒー好き1人目　バッハ

「音楽の父」ことバッハはコーヒーが大好きで、1日に数10杯のコーヒーを飲んでいただけでなく、『コーヒー・カンタータ』という曲まで作曲しています。

この曲のなかには、コーヒー好きの娘が「おおー！　コーヒーの味わいのなんと甘いことよ！　1千回のキスよりも愛おしく、マスカットから作ったワインよりもはるかに甘い！」なんて、コーヒー愛を歌う場面も。そこまで好きですか！

コーヒー好き2人目　ベートーベン

「楽聖」と呼ばれたベートーベンもコーヒー好きとして知られています。特徴的だったのは、毎朝、必ずコーヒー豆の数を数えて、60粒ぴったりで、自ら挽いたコーヒーを飲んでいたという点。完璧主義者というか、神経質というか、ベートーベンの性格が垣間《かいま》見えます。

コーヒー好き3人目　ヴォルテール

フランスの哲学者・文学者のヴォルテールは、コーヒーとチョコレートを混ぜたものを1日に40杯から50杯も飲んでいたといいます。医者からは、「あなたは大好きなコーヒーに殺されるだろう」と言われていましたが、どっこい、83歳まで生きました。

コーヒー好き4人目　バルザック

『ゴリオ爺さん』『谷間の百合』などの作品で知られるフランス文学を代表する小説家、バルザックも大のコーヒー好きでした。典型的な夜型人間で、執筆はいつも真夜中。深夜0時頃に目を覚まし、コーヒーをがぶ飲みしてから執筆開始。12時間ぶっ通しで執筆することもありましたが、その間、ずっとコーヒーを飲みっぱなし。その量は100杯近くになったといいます。

コーヒー好き5人目　セオドア・ルーズベルト

アメリカの第26代大統領セオドア・ルーズベルトは、息子から「父のコーヒー用のマグカップは、浴槽なみだ」とジョークを言われたほど、大きなマイカップでコーヒーをがぶ飲みしていたといいます。その量は、ウソかホントか、1日に1ガロン（約3・8リットル）だったとか……。

いや～、皆さん、なかなかの牛飲《ぎゅういん》っぷりです。

それにしても、コーヒーって、そんなにがぶ飲みして大丈夫なんでしょうか？

南オーストラリア大学が1万7702人のサンプルを対象に、「コーヒーが循環

器系の健康に与える長期的な影響を調べた研究」によると、**コーヒーが健康に悪影響を及ぼすのは6杯目から**なのだそうです。

この研究結果からすると、ここに登場いただいた5名は、全員がアウトですね。

もちろんこれは、カフェインの量がおおいに関係していますので、カフェインレスコーヒーの場合は話が違ってくるでしょう。

ちなみに、私もよく、カフェでコーヒーを飲みながら執筆します。

貧乏性なので、とくに「ドリンクバー飲み放題」なんてつけてしまったときは、飲み過ぎないように心したいと思います。

36 「好きなものを飲んで帰れよ」

ここで、最近聞いた話のなかで、鳥肌が立つほど怖かった話を1つ……。

京都にある蓮久寺の住職・三木《みき》大雲《だいうん》さんがまだ大学生だった頃の話です。

埼玉にある大学に通いながら、お坊さんになるための修行をしていた三木さんは、あるとき、大学の寮のすぐ近くにあるペットショップの店長と、ひょんなことから知り合いになりました。その店長は、三木さんが、自分と同じ関西の出身であると知ると急に親切になり、三木さんは、こんな話を持ちかけられます。

「犬を週2回15分散歩させて、それが終わったら俺と関西の話でもしよう。それで月に15万円やる。どうだ？」

学生の三木さんにとっては悪い話ではありません。乗り気にはなりましたが、なにしろ自分は修行中の身。「先生に相談してからご返事します」と、その日は帰ることにしました。すると店長は、なぜか同じ銘柄の缶コーヒーを数本並べて、こう言ったのです。

「どれでも、好きなものを飲んで帰れよ」

三木さんは、遠慮なく、そのうちの1本を飲み、その日はそれで帰りました。

アルバイトの話を寮の先生にすると、案の定、怒られてしまいます。

翌日、三木さんは、アルバイトの話を断るために、ふたたびペットショップへ。

三木さんの話を聞くと、店長は、「残念やな。仕事じゃなくていいからまたこいよ」。そんな優しい言葉をかけてくれて、また、同じ銘柄の缶コーヒーを数本並べ、「1本、好きなのを取れ」と。その日、店長は、なぜか、三木さんに「人を騙《だま》すテクニック」について話してくれたといいます。

さて、ときが経ち、埼玉を離れることになった三木さん。店長に最後の挨拶をしようと、久しぶりにペットショップを訪れました。

「寂しいなぁ。ところで、お坊さんになる修行をしているって言っていたけど、神や仏って本当にいるの？」

店長はいつものように、数本の缶コーヒーを並べながら、そんなことを聞いてきました。

「もちろん、いると思います」

選んだ缶コーヒーを1本飲みながらそう返事をする三木さん。

帰ろうとする三木さんに、店長は、「もう1本飲んで行けよ」と。

しかし三木さんは、「お腹いっぱい」と言って断り、店をあとにしたのです。

それが、店長と会った最後でした。

それから3年後。京都にいた三木さんは、埼玉の学生寮から身の毛もよだつ電話をもらいます。三木さんに優しくしてくれたあのペットショップの店長が、殺人罪で捕まったというのです。

それは、**1993年に世間を震撼させた「埼玉愛犬家連続殺人事件」**でした。ペットショップを経営する男が、金銭トラブルになった男女4人に猛毒を混ぜた飲み物を飲ませるなどして殺害したという凶悪事件。

その犯人が、あのペットショップの店長だと。

しかし、話はそれだけでは終わらなかったのです。

三木さんが住職になってからのこと。死刑が確定し、獄中にいるその犯人と話すことができたというある人から、「犯人の元ペットショップ店長がこんなことを言っていた」と、三木さんは次のような話を聞いたのです。

「俺が人を殺していたとき、1人の修行僧がきて、缶コーヒーを出してやった。何本か出すうちの1本だけ毒なしで、あとは全部毒入り。その修行僧は、3回きて、3回とも毒なしの缶を引いて、最後に『もう1本飲め』と勧めたら、それを拒否した。あのときは、俺も、もしかしたら神や仏は本当にいるかもしれないって思った」

三木さんは、そうとは知らず、奇跡的な確率で命拾いしていたのです。こ、怖すぎる……。なにより、人の命をゲーム感覚で楽しむ犯人の冷血さが怖い。

私は、この話を、テレビ番組に出演された三木さんご本人の口から聞きましたが、番組のMCも、恐怖で悲鳴をあげていました。

なお、この犯人の店長。関西の出身という話も、まったくのウソだったということです。

「深くて
考えさせられる話」

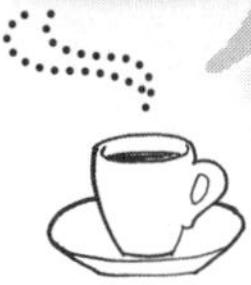

エスプレッソ
とともに読みたい

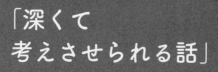

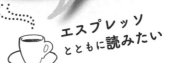

37
「名刺を持ってこい」と言われたときに

想像してみてください。

あなたは**世間でも有名なカリスマ社長**のカバン持ち。

社長についてまわってお世話をするのが仕事です。

あるとき、目の前で社長が初対面の相手と話をしていて、「私の名刺を出しなさい」と言ってきました。

さて、秘書役のあなたが、ここで考えるべきこと、注意すべきことは何だと思いますか？

とにかく素早く、言われたとおりに、カバンのなかから、社長の名刺入れを取り出して、社長に手渡すことでしょうか？

もちろん、名刺の補充を忘れていたなんていうのは論外です。

ある落語家の方が書いた本を読んでいたら、同じようなシチュエーションになったとき、**世間でも有名な師匠の弟子は「何に注意し、何を考えるべきか？」**という話が出ていました。

その本の著者である落語家は、兄弟子から、「有名な落語家である自分の師匠が、初対面の相手と話をしていて、『名刺を持ってこい』と言ってきたときの弟子としての心得」を教えてもらったというのです。

どうですか？

もし、あなたが、カリスマ社長や有名な落語家の秘書という立場だったら、こんなときに、何を考え、何に注意しますか？

実はこれ、社長や落語家が、とても有名な人で、相手が初対面の相手だというところが大きなポイントです。

その兄弟子は、そういう場面では、自分ならまず、次のようなことを考えると言ったのだそうです。

「俺だったら師匠が本当に相手に名刺を渡したいと思っているかどうかを考える」

有名な師匠ともなれば、いろいろな人が近くに寄ってきます。なかには、師匠とお近づきになり、ひと儲けしようと考えている怪しい相手もいるかもしれない。

ですから、**師匠と相手のそれまで会話を注意深く聞いて、本当に師匠が相手に名刺を渡したいと思っているかを判断する**というわけです。

それは、きちんと2人の会話を聞いていればわかるはずだと。

そして、もし、「師匠は、この相手に、本当は名刺を渡したくないけれど、会話を終わらせるためのポーズで、自分に『名刺を持ってこい』と言ったに違いない」とわかったときは、こう答えるのだとか。

「師匠、すみません、今、名刺を切らしています」

そうすれば、師匠は、口では「馬鹿野郎!」と怒鳴っても、心のなかでは「よくやった！」って思ってくれると。

これ、一見、傍《はた》からは、使えない弟子が師匠に怒られているように見えます。

でも、その裏では、師匠と弟子にしかわからないコミュニケーションが、しっかりと取れているのですね。秘書の仕事は、かくのごとく深い。


一般企業でも、有名な社長ともなれば、たしかに、名刺交換をしたくない相手と会わなければならないこともあるでしょう。

そんなとき、秘書がボーッとしていて、言われるままに名刺をカバンから出してしまったら、社長は、相手に名刺を渡さざるを得なくなってしまいます。

あとから、「馬鹿もん！　どうして名刺を出すんだ。オレと相手の会話を聞いていなかったのか！」って怒られてしまいそうです。

こういうことがサラッとできる人が、仕事のできる人なのだと思います。


（参考『あなたのプレゼンに「まくら」はあるか？』立川志の春著　星海社新書）

38 息子を改心させた、タライの教え

これは、お釈迦様が、タライを使って息子を改心させたという話です。

王族の子どもとして生まれたお釈迦様には、出家する前にできたラーフラという名前の息子がいました。

息子は、生まれてすぐに修行の旅に出てしまった父の顔も知らぬまま、約9年間、お城で（たぶん）わがまま放題に育ったのですね。

なにしろ、修行を終えて城に戻ったお釈迦様に対して、初対面で「お父さん、僕にこのお城と財産をください！」と言い放ったといいます。これは、家臣から、そそのかされて出た言葉だと言われていますが、お釈迦様は、「これはいかん」と思ったのでしょうね、まだ9歳だったラーフラを出家させることにしました。

しかし、ラーフラは、修行の身になっても、ウソをついて面白がったり、人との約束を破ったりするなどを繰り返していたそうです。まあ、言ってしまえば、まだ子どもですから、仕方ないと言えば仕方ない話。

ですが、息子の愚行は、とうとうお釈迦様の耳に入ってしまいます。

怒ったお釈迦様は、ラーフラのもとへ。

裸足で外を歩いてきた足をタライの水で洗うと、そのタライを指さして言いました。

「おまえは、この水が飲めるか？」

いくらなんでも、足を洗った水です。息子は答えます。

「無理です。飲めません。汚れていますから」

その言葉を聞いたお釈迦様は、息子にこう言ったのです。

「水というものは、本来は澄んでいて飲むことができるものだ。しかし、この水は足を洗ったために汚れて飲めなくなった。ラーフラよ、今のお前は、この汚れた水

のようなものだ。修行の身でありながら、ウソをついて面白がったり、人との約束を破ったりしている。その結果、お前は汚れた水になっている」

お釈迦様は続けて言います。

「おまえは、このタライで食事ができるか？」

「できません」

「そうだ。今のおまえの心は、このタライだ。人にウソをつくなど、汚れた水を入れたために、いくら修行をしても、ありがたい教えを入れられなくなっている」

ここまで言うと、お釈迦様はそのタライを蹴飛ばしてしまいます。転がるタライ。それを見つめるラーフラ。お釈迦様は続けます。

「おまえは今、タライが壊れると心配したか？」

「いえ、安いタライで、壊れてもよいので、心配はしませんでした」

その言葉を聞いたお釈迦様はこう続けたのです。

「ラーフラよ、ものの価値は値段の高い安いで決まるものではない。おまえは、タライに入るだけの水を手で汲んで運ぶことができるか？　ものの価値は、その使い方を知ってこそ値打ちが決まる。おまえのように、ウソをついて喜ぶような者は、蹴られて転がったタライのように人から見捨てられ、風雨にさらされて、やがては朽ち果てることだろう」

ここまで言われたラーフラは、これまでの自分の行いを恥じて、すっかり、心を入れかえたといいます。

ひるがえって、自分はいつの間にか慢心し、汚れた水が入ったタライになっていないか？　常に気をつけていたいものです。

ちなみに、その後、ラーフラは、真面目に修行を重ね、のちには、「釈迦十大弟子」の1人に数えられるまでになったということです。

39

『学問のすゝめ』の最後の1行

最初の出版は、明治5年（1872年）。

300万部以上を売り上げ、「当時の日本国民の10人に1人が読んだ」とまで言われる大ベストセラーが、福沢諭吉の『学問のすゝめ』です。

江戸時代は、士農工商という身分制度や、徳川幕府が推した「儒教の教え」が世の中の常識でした。

この本は、そんな常識をひっくり返し、「これからの時代は、自由・独立・平等が新しい価値観です！」と訴えたわけで、当時の庶民にとっては、「目からウロコが100枚！」だったことでしょう。

「なあ、おまえ。『学問のすゝめ』読んだか？」

「なんだそれ、美味いのか？」

「食いもんじゃねぇよ、本だよ本！　遅れてるぞ、おまえ」

「わかった、さっそく読むよ」

八つぁんと熊さんが、そんな会話をしたかどうかは知りませんが、とにかく、ものすごく売れたことはたしかな、とても、うらやましい……ではなく、先進的な1冊です。

「天は人の上に人を造らず人の下に人を造らず」という、出だしはあまりにも有名ですよね。

ちなみに、この有名な一説は、アメリカの独立宣言のなかにある一文を引用したと言われています。


では、ここで質問。

この本の最後の部分をご存知でしょうか？

福沢諭吉が、これからの時代、人が生きていくうえで大切な心得などを説いたこの本のラストの1行。

実は、こんな言葉で終わっているのです。

「人にして人を毛嫌いするなかれ」

そうです。

「人間のくせに、人間を毛嫌いするのはよくない」

そんなメッセージで終わっているのです。

よく、「他人を毛嫌いする人」がいます。

なにしろ、「毛嫌い」なので、一度、「この人のことは嫌い」と決めると、もう、その人が何を言おうが、何をしようが、全部、気にくいません。

「頑張れ」って言われても、「そんなこと言うくらいなら手伝えよ」って思える。

たとえ、その人がお年寄りに席を譲っているのを目撃しても、「あのわざとらしい親切ぶりが嫌い」って、そんなふうに思えてしまうのです。

それは人間ですから、好きな人もいれば、嫌いな人もいるでしょう。

でも、「相手の何もかも、すべてが嫌い」というスタンスだと、もし、その人との接点を切ることができない場合、あまりよいことはありません。

たとえば、その人が会社の上司だったら、毎日が、ただひたすらに不快で苦痛。

結局、損をするのは自分です。

だったら、**どんなに嫌いな相手でも、鼻くそ程度でよいので、よいところを見る**ようにしてはいかがでしょう？

「あの人、性格は最悪だけど、100回に1回くらいは、周りの人が遠慮して言いにくい、正しいことを言うよね」とか。

「あの人、やることなすことムカつくけど、ネクタイの趣味だけはいいよね」とか。

その人の些細《ささい》な1点だけでも、大きな心で、認めてあげる。

そうすると、そこから相手のことを耳クソくらいは見直すことができるかもしれません。

なんでもかんでも、「嫌いだから嫌い」と全否定では、「部下の人格否定をする最低な上司」と同じ人種になってしまいます。運気も下がってしまいかねません。

ここは、天下の福沢諭吉にしたがって、「人にして人を毛嫌いするなかれ」ですね。

40 オックスフォード大学の入試問題

ある本に出ていた、実際にオックスフォード大学の入試問題で使われたという問題です。

コーヒーブレイクのひとときに。ぜひ、考えてみてください。

問題　もし、厚さ0・1ミリの紙を無限回数折りたたむことができるとしたら、何回折れば、月まで届くことができるでしょうか？

※月まで届くとは、もちろん、紙の厚さが届くという意味です。

※これはトンチやひっかけ問題ではなく、れっきとした数学の問題です。

いかがですか？

答えがわからなくても、たぶん、柔らか頭のあなたなら解き方はわかりますよね。

この問題、月までの距離が、約40万キロメートルだと知っていれば、計算で解くことができます。

そう、0・1ミリをひたすら2倍していって、40万キロメートルを超えるのが何回目かを数えればいいわけです。

おっと！　電卓を出そうとしたあなた。ちょっと待った！

実際に計算してもらってもよいのですが、ここはぜひ、頭のなかで厚さ0・1ミリの大きな紙を二つ折りにしていくのを想像して、感覚で「何回くらいか」考えてみてください。

答えは次ページです。できれば、「何回くらい」だと思うか、答えを見る前に、ファイナルアンサーを1つだけ、紙に書いてみていただきたいのです。

厚さ0・1ミリの紙を無限回数折りたたむことができるとしたら、何回折れば、月まで届くことができるか？

答えは……。

43回前後！

さあ、あなたは何回と回答したでしょうか？
もしかしたら、1万回とか書いてはいませんか？
知っていただきたかったのは、**頭のなかのイメージが、いかに、いい加減かということ**です。

では、ついでにもう1問。

問題　現実の世界で、巨大な紙があったとして、実際に折りたたむことができる回数は、何回くらいでしょうか？

今度も、ぜひ、頭のなかで想像して、ファイナルアンサーを紙に書いてみてください。

いかがですか？

答えは書けましたか？

現実の世界で、巨大な紙があったとして、実際に折りたたむことができる回数。

答えは……。

どんなに頑張っても12回が限界なのだそうです。

えーっ！　たったの12回って思いませんか？

これも、頭のなかで考えると、もっと回数が折れそうですよね。

（参考『オックスフォード＆ケンブリッジ大学　世界一「考えさせられる」入試問題』
ジョン・ファーンドン著　小田島恒志・小田島則子訳　河出文庫）

41

「スイカ泥棒に告ぐ！」

心理学に関する本を読んでいたら、ちょっと面白い寓話が載っていましたので、紹介します。

さあ、あなたは、この話に何を感じるでしょうか？

あるところに、スイカづくりをしている農夫がいた。

性格は欲張りで意地悪。

そんな彼、ある日、自分のスイカ畑から、毎晩1個ずつスイカが盗まれていることに気がつきました。

ひと晩にたった1個とはいえ、どうにも許せない農夫。

考えた末、意地悪なことを思いつきます。

畑にあるスイカの1個に毒を入れて、畑にこんなメッセージの立札をしたのです。

「スイカ泥棒に告ぐ！　この畑のスイカのどれか1個に毒薬を入れた。スイカを盗むのは勝手だが、命の保証はないものと思え！」

翌朝。農夫が畑にやって来て見てみると、どうやらスイカが盗まれた形跡がない。

「してやったり」と喜ぶ農夫。

ところが、ふと気がつくと、こんなメッセージが書かれたメモが残されていた。

「農家の方へ。私もお宅の畑のスイカのどれか1個に毒を入れました。お互いに手を組みませんか？　でなければ、スイカは1個も出荷できませんよ」

いかがですか？

あなたは、この寓話にどんな感想を持ちましたか？

いろいろな解釈ができる話だと思いますが、私は、こう思いました。

「毒に対して毒で対抗しても、何も解決しない」

そして、ふと、世界で初めて完全無農薬無肥料のリンゴ栽培に成功された木村秋《あき》則《のり》さんの、**「カラスと折り合いをつけた」**という話を思い出しました。

リンゴ栽培にとっての大敵であるカラス。

しかし、木村さんの畑には、なぜかカラスがいない。

ある人がその理由を聞くと、木村さんはこんな話をしてくれたというういうのです。

「あるとき、カラスの子が巣から落ちて、親カラスが鳴いていたので、そっと巣に戻してあげた。そしたら、それ以来、カラスはいたずらしなくなったの」

それどころか、別のカラスたちが木村さんの畑のリンゴに手を出そうとして近づくと、くだんのカラスが追っ払ってくれるのだとか。

なんとカラスの恩返し！　ウソのような本当の話です。

話をスイカ泥棒の寓話に戻すと、悪いのはスイカ泥棒です。それは間違いありません。なにしろ、人さまの畑から、毎晩1個とはいえ、盗みを働いているのですから、どう考えても悪い。

しかし、その「悪」に対して、農夫もまた、「悪」で対抗してしまったから、新たな毒が返ってきてしまった。

「暴力」に対して「暴力」で返せば喧嘩になります。国同士なら戦争ですね。**「憎しみ」に対して「憎しみ」で返しても、あらたな「憎しみ」を生むだけ。**

もし、寓話の農夫が、木村秋則さんのような大きな心で、こんな立札をしていたらどうなったでしょう。

「スイカ泥棒さんへ。腹が減って仕方がないなら、毎日、スイカを食べてよいから、ウチの畑で働きませんか?」

泥棒を雇うなんて！　という話はひとまず置いておいて、こんな立札をしていたら、話の展開（未来）は少し良い方向に変わっていたように思うのです。

（参考『人はこの「心理術」に99%だまされる!』デヴィッド・リーバーマン著　小田晋訳　三笠書房）

徳川家斉《いえなり》の「菊づくりコンテスト」

42

江戸幕府の第11代将軍、徳川家斉。

クイズの世界では、子どもを53人も、もうけたということで有名です。

日本史的には、それまで権力を振るっていた田沼意次《たぬまおきつぐ》を罷免《ひめん》して、代わりに松《まっ》平《だいら》定信《さだのぶ》を老中に起用したことが重要でしょうか。この起用がなければ、松平定信が「寛政の改革」を進めることもなかったはずですから。

さて、これは、その家斉さんが開催したという、「菊づくりコンテスト」の話。

江戸時代ですから「コンテスト」とは呼ばずに「菊くらべの会」でしょうか。

あるとき、この家斉さん、「菊くらべの会をやろう」と言い出して、家臣たちに、「おのおの自分でつくった菊を持ってくるように」って命じたんですね。

で、その当日。

家臣たちは、それぞれ、きれいな菊をつくってきました。

ところがそのなかに、たった1人だけ、ひと際へたくそな菊をつくってきた家臣がいました。

他の家臣が持ってきた菊を見て、「みんな、うまいね」って言っていた家斉も、その家臣の菊を見ると、あまりの出来の悪さに驚きます。

そして、「なんだ、その菊は」と。

でも。

家斉は、その家臣の菊を「菊くらべの会」で一等に選んだのです。

家斉は、いったいどうして、誰が見てもダントツで最下位の菊を、「この菊がよい」と、一等に選んだのでしょうか？

あなたはわかりますか？

今のように肥料が発達していなかった時代。菊づくりって、さし芽をしたり、水を切らしてはいけなかったりして、たいへんでした。

それを知っていた家斉は、家臣たちが持ってきた菊をひと目見て、すぐに見抜いたのです。

私のいいつけを守って、自分でつくった菊を持ってきたのは、この家臣だけだな。

なんのことはない、他の家臣は皆、自分ではつくらずに、菊づくりのプロにつくってもらい、それを「自分がつくりました」という顔をして持ってきただけだったのです。

それがわかった家斉は、1人だけ正直に、自分でつくった菊を持ってきた家臣に対して、「一番ヘタクソだけど、この菊が一等!」と言ったというわけです。

もしかしたら、家斉さん。

本当に比べたかったのは、家臣の菊づくりの腕ではなく、家臣の「正直さ」だったのかも……。

いざというとき、ウソをつかず、信用できる家臣は誰なのかを知りたかったのかもしれません。

不正って、いつかはバレるもの。
バレたときには、一気に「信用」を失います。
「正直にてよし」ですね。

（参考『いくつになっても「求められる人」の小さな習慣』中谷彰宏著　青春出版社）

43 売れっ子小説家の言葉

会社を経営されている営業コンサルタントの方から、こんな言葉を聞いたことがあります。

「波に乗るのはよいけれど、調子に乗ってはいけない」

自分に勢いが出てきて、世の中の動きや環境も味方してくれたら、その波に乗ってグイグイ行くのはオーケー。

でも、そこでイイ気になって、自分を見失い、調子に乗ってはいけないと。

いや～、まったくその通りだと思います。

芸能界でも、ドーンとブレイクしたタレントが、調子に乗って番組スタッフに対してぞんざいな態度をとったりして、あっという間に干されてしまうということ、ありますよね。

名前を出すのはひかえますが、何人かの顔が浮かんできます。

さて。

著者仲間の女流小説家、青山美智子さんと、彼女の編集者さんのKさん（このKさんは、私の本を出してくださったこともある方）の3人でランチをしたときに、青山さんから伺った、忘れられない言葉です。

ちなみに青山さんは、小説家としてのデビュー作、『木曜日にはココアを』（宝島社）が大ヒット。その後、『猫のお告げは樹の下で』『鎌倉うずまき案内所』（ともに宝島社）とヒットを連発。『お探し物は図書室まで』（ポプラ社）が、「2021年本屋大賞」で2位になるなど、まさに、波に乗っている作家さん。

現在、複数の出版社が執筆待ちの列を成すという、超売れっ子です。

そんな青山さんが、こんなことをおっしゃっていました。

「私はいつも、『天狗2秒』と思っているんです」

私は、この言葉を聞いた瞬間、「あっ、『自分の本が売れた』とか『賞をとった』とか、嬉しいことがあっても、天狗になるのは2秒間だけにしよう」と、そんな意味なのかなと思いました。

ところが、違いました。

青山さんのこの言葉は、次のような意味だったのです。

「自分は、もし天狗になったら、2秒で終わる」

な、なんと、天狗になったら、もう2秒後には、相手から愛想をつかされて、運がどんどん悪くなって、やがては消えていくと……。

はーっ、素晴らしすぎです。

リアル版の「実るほど頭《こうべ》を垂れる稲穂かな」です。

私は、「根拠のない自信」は、とても大切だと思っています。

自分を信じて、自信を持つことからすべては始まるというのが持論。

でも、「自信を持つこと」と、「自分のことを勘違いして、おごり高ぶること」は、龍とミミズくらい違います。

ましてや、調子に乗って、周りに横柄な態度をとるなんて、もってのほか。

己の最大の敵は、もしかしたら、自信過剰による慢心なのかもしれません。


「天狗2秒」！


青山さんのこの言葉。肝に銘じたいと思います。

……って、天狗になるほどの活躍はしていませんけど。

44

清水《しみずの》次《じ》郎《ろ》長《ちょう》、「男というもの」

かつて「東海道一の大親分」と呼ばれた清水次郎長の言葉です。

「勝つことを知り、
負けることを知る。
そして、退《しりぞ》くことを知っているのが、
男というものだ」

はじめてこの言葉を聞いたとき、ガツンときました。

「男の中の男」と呼ばれた大親分が、「勝ち負け」だけではなく、「退くこと」、つまり「引き際」の大切さにまで言及していることに感動したのです。

やみくもに進むのは簡単です。

一見、勇気ある行動に見えるけれど、勝ち目は薄い。

いや、すでに詰んでいる対局を無理やり続けても、勝ち目は限りなくゼロでしかありません。

撤退する勇気がなくて、自分だけが玉砕するのは勝手です。

でも、そんな考え方しかできない人間が「リーダー」だとしたら、周りの人たちは巻き添えになってしまう。第二次世界大戦下の日本軍のようなもので、悲劇としか言いようがありません。

兵法に長《た》けた武将は、「この戦《いくさ》は負け戦だ」と判断した瞬間に「全軍撤退」という指示を出します。

それが戦力を温存する最善策だと知っているから、躊躇《ちゅうちょ》しません。

「今は撤退して、次に勝てばいい」という判断です。

そして、その指示が出た途端、兵たちは、恥も外聞もなく一目散に逃げます。

撤退命令が出たら、兵が最優先でやるべきことは、生き残ることなんですね。

中国の戦乱の世で、秦《しん》国の大将軍を目指す主人公を描く漫画『キングダム』のなかに、敵国の魏《ぎ》の大将軍があっさりと負けを認める場面があります。

後方にひかえていた本陣が落とされたと知り、血気盛んに形勢逆転を図ろうとする部下たちに対して、大将軍がこう叫ぶのです。

「止《や》めじゃ！　帰るぞ」

へっ？　うそ？　となる部下の猛者《もさ》たち。大将軍は、平然と続けます。

「儂《わし》らの負けじゃ」

当然、部下たちはおさまりません。

「何をおっしゃるのですか殿《との》。勝負はまだ決しておりませぬぞ」

部下たちからすれば、目の前にいる、すでに傷を負っている秦の将軍を討てば、戦況を五分に戻せるというわけです。しかし、大将軍は言います。

「ムダじゃっ。この戦はもう詰んでおる」

そして、戦況を俯瞰《ふかん》で語り、こう結ぶのです。

「このまま続けても魏軍は全滅の憂き目に合うだけじゃ。魏国のことを考えるな

ら、それだけは回避せねばならぬ」

この大将軍、目の前まで追い詰めていた秦の将軍に対し、命を助けるかわりに和《わ》睦《ぼく》に応じよと迫り、これを認めさせると、さっさと全軍を撤退させてしまったのです。

戦況を冷静に判断し、和睦しなければ全滅は必至と判断した途端、あっさりと撤退を決断する。**これぞ、引き際の潔《いさぎよ》さ。**リーダーのなんたるかを教えてくれる名場面として、とても印象に残っています。

2020年に発生した新型コロナは、多くのリーダーに「撤退か否か」の決断を迫りました。

そのなかで、清水次郎長の言うように、リーダーらしく堂々と撤退し、部下たちを守った経営者たちがたくさんいたことが胸に迫ってきます。

（参考『キングダム』原泰久著　集英社）

45 新庄剛志をスランプから救った人

かつては、メジャーリーグで活躍したこともあるプロ野球選手。

引退後は日本を抜け出してバリ島へ移住。画家になると言い出したり、まさかのプロ野球への復帰に取り組んでみたり……。

とにかく、自由に人生を謳歌しているのが、新庄剛志さんです。

２０２０年は、日本に帰ってきて、トライアウト（自由契約になったプロ野球選手たちが、「まだやれるからどこか拾ってくれ」と、各球団に対して自己アピールをする場）にチャレンジし、１安打を放ちますが、残念ながらどこの球団からも声がかかりませんでした。

少し前にテレビ番組に出たとき、町を歩いていて急に気が向いて整形手術をしたことについて司会者からツッコまれると、「**ほっとけ！　オレの人生だから！**」って返していました。ここまで自由な人も、なかなか珍しい……。

さて。これは、そんな彼が、プロ野球に入って3年目、阪神タイガースの新人の頃のエピソード。


その年、新庄さんはひどいスランプに陥っていました。

なぜか、突然、ヒットが出なくなってしまった。

自分ではどうしようもなく、コーチに聞いても、急に打てなくなった原因がまったくわからない。

困り果てた新庄さん。

いったい、どうしたと思います？

実は、ある人に、「僕が急に打てなくなった原因、わかりませんか？」って聞きました。

そして、見事、スランプ脱出に成功したのです。

誰に聞いたかわかりますか？

スランプに陥った新庄さんが、スランプの原因を聞いた相手。それは……。

グラウンド整備員！

なんと新庄さん、野球については素人であるグラウンド整備のリーダーに、自分のスランプの原因がわからないか聞いてみたのです。

すると、こんな答えが返ってきました。

「**野球のことはよくわからないけれど、最近、背番号の5番が、背番号2にしか見えない**」

この言葉を聞いた新庄さんは、ハッとします。

そう。新庄さんは、自分でも気がつかないうちに、いつの間にか、以前よりも背中が丸まっていたのです。

スランプになって、ボールをよく見ようとして、無意識にそうなったのかもしれません。

コーチにもわからないくらいに微妙な変化を、いつも、新庄さんのバッティング練習を外野から見ていた整備員の方だけが気づいていたというわけです。

大きなヒントをもらった新庄さん。

次の試合では姿勢に気をつけて、胸を張るようにして打席に入ってみると……。


2打席連続ホームラン！


スランプからの脱出に成功したのです。

プロ選手なのに、あっけらかんと整備員に助言を求めるところが新庄さんらしい。

「素人に聞いてもわかるはずがない」ではなく、**「素人だから、おかしな思い込みがなくて、客観的な意見を言ってくれるかもしれない」**ということですね。

職場の問題点も、先入観のない新人の「なにげない質問」が改善のヒントになることがあります。

大切なのは、新庄さんのように、素人の意見も積極的に聞き、ヒントを見つけようとする姿勢があるかどうかです。

46 可愛がられ上手

私は会社員だった頃、いっときですが社長秘書をやったことがあります。

仕事については、いろいろと未熟者でしたので、それは抜きにして、この秘書時代の「社長とのやり取り」で、思い出すたびに後悔することが2つあります。

1つは、ある朝の社長との会話。それはこんな会話でした。

「昨日の夜、珍なるモノを食べたよ」

「えっ、珍なるもの？　なんですか？」

「ナマズ」

ここで私は、こう言ってしまったんです。「あっ、ナマズですか！　私も1度だけ食べたことがあります」

せっかく、社長がナマズ料理について話をしようとしていたのに、私の言葉でなんとなくその話題は終わってしまいました。

どうしてあのとき、**「えっ！　ナマズ！　ナマズってどんな味なんですか？」**って、話を聞く態勢に入らなかったのか、後悔先に立たずです……。

もう1つは、これもある日の朝のこと。社長が会話の流れのなかで、私にこうおっしゃったんです。

「なかなか手に入らないイイ日本酒が2本、手に入ったんだけど、1本やろうか？」

言われた私は、こう言ってしまったんです。

「そんな貴重なお酒、ぜひ、社長が2本とも召し上がってください」

どうしてあのとき、要らぬ遠慮をしてしまったのか。大喜びして遠慮なくいただいたほうが、社長は気持ちがよかったはずなのに。

たとえば。先輩とか、自分よりも上の立場にいる人から、「○○してやろうか？」って言われたとき。**つい、遠慮してしまうこと**ってありませんか。

日本では、「遠慮」って、どちらかというと、美徳というか、マナーというか、たしなみのように言われてきました。

ほら、人の家に行ったとき、出されたお菓子を遠慮なく食べたりすると、親から叱られませんでしたか。

でも。

言ってくれた相手が親分肌だったりするときは、ヘタに遠慮なんてしないほうが喜んでもらえるのです。

「おごろうか？」って言ってくれたときでも、**おかしな遠慮をするよりも、すごく嬉しそうにして感謝したほうが、おごるほうも気持ちがいい。**

せっかく気分よくおごろうとしているのです。

「いえ、そんな、いいです、いいです！」なんて言う後輩より、「**えっ、本当ですか！　やったー！　これ、大好物なんです！　ご馳走さまです！**」って、喜んでくれる後輩のほうが、可愛いではありませんか。

そのかわり……というわけではありませんが、「無茶苦茶おいしいですね！」なんて言って喜んで、**「おごりがい」をアップさせる「可愛がられ上手」**になる。

そっちのほうが、よっぽど「マナー」だと思うのです。

「遠慮」って、相手も喜ばないし、さらに言えば、「チャンスを逃がす原因」にもなります。

古典落語にも、せっかく、次の将軍を打診されたのに、ポーズで1回遠慮したら、すぐに話が別の人に移ってしまって、千載一遇のチャンスを逃して悔しがる大名を主人公にした「紀州」という演目があります。

ヘタな遠慮は美徳にあらず。

最近、自分のほうが、「○○してあげようか？」と言う側……というか歳になって、そのことがよくわかるようになりました。

ですから、今では、自分も、親分肌の大先輩から「○○してやろうか？」なんて言われたときは、「遠慮」の「え」の字もせずに、大喜びして甘えるようにしているのです。

47 理想の子育ては、子どもに「〇をつけてあげること」

「勉強しなさい！」

子どもが宿題もしないで、いつまでもゲームをやっていたら、つい、そう言ってしまいますよね。

ところが、子どもにいっさい、「勉強しなさい！」なんて言わず、塾にも通わせず、自分で勉強を教えることもなく、長男を東大、次男を京大、長女をロンドン大学へ進学させることに成功した人がいるって信じられますか？

子育てに関する本を出版し、現在は、子育てのための学校、「母学（ははがく）アカデミー」を設立。学長をされている河村京子さんが、まさにその人。

河村さんは、子育てにあたり、2000冊を超える育児書、教育書を読破され、

「教えない子育て」にたどりついたのだそうです。

それを、我が子に実践した結果が、長男が東大、次男が京大、長女がロンドン大学に入学……というわけです。

河村さんの子育ての肝を、ひと言で言えば……。

子どもが、自分で考えて、自分で望んで勉強するように育てる！

河村さんはこうおっしゃっています。

「親の判断を子どもに押しつけてはいけない」

「『子どもに山をよじ登らせる子育て』ではなく、『子どもに翼をつけてあげる子育て』をしましょう」

いまだに、「勉強して、いい大学を出て、大企業に入って、その会社で一生働けば幸せになれる」という、現代ではもう、ほぼ通用しなくなった「思い込みによる判断」を子どもに押しつけてしまっている方、多いのではないでしょうか。

そしてつい、**受験、受験、受験という山をよじ登る人生を子どもに強要**してしまう。

河村さんのお子さんは、結果として、子ども自身が考えて東大、京大、ロンドン大学へ進んだだけで、河村さんはいっさい強要していないのです。

スタンスとしては、「応援する」「ヒントとチャンスを与える」でしょうか。

子どもに強要するのではなく、たとえば「今度、数学オリンピックがあるけど、挑戦してみる?」など、**情報を与え、本人が勉強したくなる場と環境を用意する。**

留学していた長女が、1年後に「同じイギリスの別の学校に移りたい」と言ってきたときも、河村さんはいっさいの理由を聞かず、**子どもの判断を信じて転入のお手伝い**をしています。

子どもには、なんでも経験させて、失敗から学べるようにし、自分で答えを探させるようにしているのですね。

メディアアーティスト、研究者、実業家、マルチタレントなど、数多くの肩書を持ち、「現代の魔法使い」「天才」などと呼ばれることもある落合陽一さんが、テレビで自分がどんな育てられ方をしたかについて語っていました。

落合さんのお父さんは、言わずと知れたジャーナリスト・小説家の落合信彦さんです。その子育ては独特で、落合陽一さん曰く。

「親から『〇〇しなさい！』と言われた記憶はまったくない」

「希望はすべて、親にプレゼンしなければならなかった」

欲しいものがあるときは、その希望理由を親に対してプレゼンテーションして、納得してもらえると現物支給してくれたそうです。

そんな育て方をされた落合さんも、今は子を持つ親。

子育てで気をつけていることは、「**子どもが好きなことをやっているときに、それを止めないこと**」だとか。なぜなら、「**クリエイティブな人間に必要な集中力は、親に邪魔されなければ育つから**」だそうです。

河村さんも落合さんも、子どもの自主性を大切にしているところが共通点。

この考え方、会社の新人教育などにも応用できそうに思いました。

（参考『教えない子育て』河村京子著　日本法令）

48 トランプのジョーカーが強い理由

ジョーカー。

こう聞いたとき、いったい、どんなイメージが浮かびますか？

映画『ジョーカー』における、ホアキン・フェニックスの名演技でしょうか？

それとも、スティーブン・キング原作の小説・映画『IT　イット』に登場する「ペニーワイズ」？

単純に、トランプのジョーカーのあのピエロのような絵柄でしょうか？

日本では、ジョーカーというと、漫画やドラマにおいて、主人公に匹敵する「物語全体を左右するような重要なキャラクター」というようなイメージがあると思います。

でも、この「ジョーカー」。

英語で書けば、「Joker」です。

つまり、**「ジョークを言う人」「ジョークが好きな人」「ふざけた行動をする人」**というような意味。

転じて、「ペテン師」、そして、トランプの絵柄のとおり、「道化師」というような意味の言葉になっているわけです。ちなみに、サーカスにおける道化役、「ピエロ」はフランス語。英語では、「クラウン」と呼びます。

トランプにおけるジョーカーは、いわゆる「宮廷道化師」ですね。

ジャック、クイーン、キングが宮廷の王族の絵柄なので、そこからイメージして、宮廷道化師が描かれたと言われています。

ご存知のように、このジョーカーのカードは、たとえばポーカーなら、どんなカードとしても使える最強のカード。つまり、**キングよりも強い「切り札」**です。

でも、どうして、宮廷に雇われていた道化師でしかないジョーカーが、「最強のカード」なのでしょうか？

ある本を読んでいたら、その理由について、TBSアナウンサーの安住紳一郎《あずみしんいちろう》さんが、実にわかりやすく解説しておられました。

そのまま引用します。

「トランプには『ジョーカー』というカードがあります。ゲームの種類によっては、キングやクイーンよりもジョーカーのほうが力を持ちます。

これは、『ジョークを言う人は、ときによっては権力者よりも優位な地位に立つことがある』という事実を暗示しています。

実際、昔の貴族社会ではパーティーをする際、王様が威張り散らして場をシラけさせるのを見越して、『道化師』を招いて余興をさせていたそうです。

現代でも、権力者や権威をコケにするブラックユーモアは、上質な笑いとして評価されています」

なるほど。「ジョーカー（道化師）」が、キングのカードよりも強い理由が納得できますね。

安住さんがおっしゃるように、「ジョーカー（ジョークを言える人）」の力は、現代でも有効です。

いや、それどころか、新型コロナなどで、世の中が混沌としてピンチなときこそ、大きな力を発揮すると思うのです。

政治家の棒読みの答弁よりも、しばしば、大物のお笑いタレントがテレビなどで発したメッセージのほうが世間から注目され、支持を得ること、ありますよね。

ピンチをひっくり返すパワーを持っている「ジョーク」。それを言える人、「ジョーカー」！

それは企業など、組織においても、ピンチのときに、悪い雰囲気をガラリと反転させてくれるキーマンになります。

そんな、**ピンチを笑い飛ばすパワーを持つジョーカー**になりたいものです。

（参考『話すチカラ』齊藤孝・安住紳一郎著　ダイヤモンド社）

84億円の負債で倒産・破産して、よかったと思ったこと 49

想像してみてください。

あなたは会社の経営者。つい最近まで、年商40億円を超える売上がありました。

ところが、新型コロナの影響で、すべての歯車が狂ってしまい、気がつけば、84億円もの負債を抱えてしまったとしたら……。

「感情コンサル®メソッド」の開発者として、500人以上の経営者・社長の相談に乗ってきた押野満里子さんの著書に、そんな体験をされた元社長さんの意外な言葉が載っていました。

その方……仮にFさんとしましょう。Fさんによれば、一番苦しかったのは、もう会社が倒産することが決定的になり、弁護士に破産の申し立てをしているのに、それを周りに言うことができなかったことだったといいます。

会社の規模がある大きさを超えると、倒産の事実を、その当日まで秘密にしておかなければならないのだそうです。

そのため、**「1か月の準備期間が終わって、倒産を発表できたときは、会社がなくなる悔しさより、やっと辞められるという安堵《あんど》の気持ちでいっぱいでした」**と。

倒産を発表できて安堵の気持ち！

これなど、実際に倒産を経験していないとわからない感情ではないでしょうか。

「カフェオレの章」で、「どんなに悪いことのなかにも、良いことを見つけられる」というお話をしました。

このFさんも、84億円もの負債によって会社は倒産、自身は自己破産しましたが、そんな状況でも、「よかった」と思えることがあったのだそうです。

Fさんは言っています。

「資金繰りに追われていたときは、家でも毎日ピリピリしていました。でも、裸一

貫になって、家族に『ごめんな』って謝ったら温かく迎えてくれて……。家族と過ごす時間が増えて、本音で話せるようになりました。人間らしい生活ができるようになったと思います」

「国破れて山河あり」ならぬ、「仕事失って家族あり」ですね。

そして、もう1つ。
地位も名誉もお金も失ってみて、よかったと思えたこと。
それは……。

「自分の周りから、お金だけでつながっていた人たちがいなくなったこと」

羽振りがよかったときは、自分のことを利用して儲けようという人たちが周りにたくさんいたそうで、Fさんのほうも、「こっちも利用してやればいい」なんて思っていたといいます。

しかし、「金の切れ目が縁の切れ目」です。そういう人たちは、Fさんがピンチになると、あっという間に離れていきました。

そして……。

本当に信頼できる仲間だけが残ってくれたのです。

Fさんは今、自分のもとに残ってくれた仲間と、あらたな事業を計画しているそうです。

事業が大きくなるにつれて、いつの間にか「売上第一」になってしまい、何をしたかったのかを忘れてしまっていた自分。

倒産・破産は、自分がそんな状態になっていたことを気づかせてくれました。

今、事業を始めた頃の気持ちに戻ったFさん。

これからは、本当に自分がやりたいことだけを、信頼できる仲間とともにやっていく……**その準備を進める今は、とてもワクワクする日々なのだそうです。**

〈参考『社長はメンタルが９割』押野満里子著　かんき出版〉

人生の「リエントリー」

50

東京オリンピックの女子ソフトボールを観ていて、「リエントリー」というルールがあることをはじめて知りました。

これは、「スターティングメンバーにかぎり、いったん試合から退《しりぞ》いても、1度だけ再出場が認められる」というルール。このルールが、女子ソフトボールの決勝で、ちょっと運命的な采配を生むことに一役買ったのです。

女子ソフトボールがオリンピックで競技になるのは、13年前、上野由岐子投手が準決勝と決勝で合わせて413球を投げ抜いて日本に金メダルをもたらした北京大会以来のこと。

決勝戦の相手は、北京大会と同じ宿敵、アメリカです。日本の先発ピッチャーは北京大会と同じ上野。そして、アメリカの先発ピッチャーも、なんと、北京大会と同じキャット・オスターマン投手！　まるで、タイムスリップによって、北京での試合の続きをやっているのではないかと錯覚してしまうような感覚に陥ります。

この2人だけではありません。1対0で日本がリードした5回。アメリカチームがリリーフとして送り出したピッチャーはモニカ・アボット投手。彼女もまた、かつての北京大会で日本と対戦した1人。

このアボット投手、北京大会の翌年に来日して日本女子ソフトボールリーグのトヨタ自動車に所属しました。そして、日本リーグで4度のMVPに輝くなど、日本の女子ソフトボール界を盛り上げてくれた選手なのです。

そんなアボット投手がリリーフに立ったときの宇津木妙子《うつぎたえこ》さん（アテネ大会のときの日本代表チーム監督）のテレビ中継での解説の言葉は感動的でした。

「日本のソフトボールが強くなったのもアボットたち（オスターマン投手も2011年に日本でプレーしている）のおかげなんですよ。彼女たちが日本に来て日本人を盛り上げてくれて……。日本のバッターは、最初はぜんぜん打てなかったが、徐々に

当たるようになった」

聞けば、オスターマン投手もアボット投手も1度は第一線から退いていたものの、東京オリンピックで女子ソフトボールが復活することを知り、再起して大会への出場を果たしたとのこと。そんな話を聞くと、なんだかアメリカチームのほうも応援したくなってしまいます。

試合は日本が2点をリードしたまま最終回に。

と、ここで、野球では絶対に見られない采配がありました。

6回に1度は後藤希友《みう》投手にマウンドを譲ってベンチに下がった上野投手が再びマウンドにあがったのです。そう、「リエントリー」です。

日本チームをずっと引っ張ってきてくれた大エース、上野投手を100パーセント信頼し、金メダルが決まる最後のマウンドを託した宇津木麗華監督の采配!

思えば、この宇津木監督、本名は任彦麗《にんえんり》といい、元はソフトボールの中国代表選手。日本チームの宇津木妙子監督に心酔して24歳のときに家族の猛反対を押し切って来日。ソフトボール日本リーグ三冠王達成の翌年に帰化し、尊敬する宇津木姓を名乗っているという方。そんな日本愛に満ちた監督の熱い采配です。

USA
17

再びマウンドに上がった上野投手は、その宇津木監督の期待に応えてアメリカチームを0点に抑え、日本チームは再び金メダルを獲得したのでした。

1度はベンチに引っ込んだ選手に、再度、チャンスを与えることができる、この「リエントリー」って、とても素晴らしいルールだと思います。

1度は第一線を退いたのに、東京オリンピックでアメリカチームをけん引して銀メダルとなったオスターマン投手もアボット投手も、言わば**「現役選手へのリエントリー」**です。そして、宇津木麗華監督にとっては、宇津木妙子監督に憧れて、来日するという選択をしたことが、**「第二のソフトボール人生」へのリエントリー**。

1つ前の項にあったように、自己破産した人が新たな出発を図るのだって「人生再生へのリエントリー」ではないでしょうか。

人生は、ソフトボールと同様に、リエントリーが可能！　敗者復活もアリです！　ドーンと行き（生き）ましょう！

おわりに　人生のコーヒーブレイク

最後まで読んでいただき、ありがとうございました！

最後に、もう少しだけおつき合いください。


本書のコンセプトは、「コーヒーブレイクのお供になる本」。

２０１８年10月に刊行された『コーヒーと楽しむ 心が「ホッと」温まる50の物語』の続編という位置づけになる1冊です。

今回も、前作と同様に、バラエティー豊かな内容を揃えさせていただきました。

ちなみに、もとになった本、『コーヒーと楽しむ 心が「ホッと」温まる50の物語』はおかげさまで好評を得、２０２０年9月には、「解憂珈琲店」というタイトルにて、台湾で翻訳版も発売される幸運にも恵まれました。

本当にありがとうございます！

本文のなかでも触れていますが、私はこう思っています。

「挫折や失敗による停滞なんて、人生におけるコーヒーブレイクみたいなもの」

落ち込んだり、クヨクヨしたりしないで、「ちょっとひと休み」して心を落ちつかせるのがベストです。

その挫折や失敗が、長い目で見たら、よい方向へ進むきっかけになるかもしれませんし、ひと休みすることで、アイデアが浮かんだり、あらたな道が見えてきたりするかもしれないのですから。

人生のコーヒーブレイク。

そんな時間を、ぜひ、大切にしてください。

西沢泰生

【主な参考文献】

『欽ちゃんの、ボクはボケない大学生。』萩本欽一著　文藝春秋／『言い訳』塙宣之著　集英社新書／『世界の大富豪2000人がこっそり教える「人に好かれる」極意』トニー野中著　三笠書房／『認知症になった蛭子さん』蛭子能収著　光文社／『人生ごっこを楽しみなヨ』毒蝮三太夫著　角川新書／『目からウロコの洋画タイトル珍百科』芝原幸三著　近代映画社／『笑いの凄ワザ』殿村政明著　大和出版／『タモリさんに学ぶ「人生の後半」を生きるコツ』内藤誼人著　廣済堂新書／『いつも人間関係に振り回されてしまう先生へ』栗田正行　学陽書房／『できる人は、3分話せば好かれる』浅川智仁著　三笠書房／『最強の教訓！　世界史』神野正史著　PHP文庫／『心をつかむ超言葉術』阿部広太郎著　ダイヤモンド社／『見るだけで9割かなう！　魔法の宝地図』望月俊孝著　KADOKAWA／『リーダーの鬼100則』早川勝著　明日香出版社／『直観力』メンタリストDaiGo著　リベラル社／『あなたのプレゼンに「まくら」はあるか？』立川志の春著　星海社新書／『オックスフォード&ケンブリッジ大学　世界一「考えさせられる」入試問題』ジョン・ファーンドン著　小田島恒志・小田島則子訳　河出文庫／『人はこの「心理術」に99%だまされる!』デヴィッド・リーバーマン著　小田晋訳　三笠書房／『いくつになっても「求められる人」の小さな習慣』中谷彰宏著　青春出版社／『キングダム』原泰久著　集英社／『教えない子育て』河村京子著　日本法令／『話すチカラ』齊藤孝・安住紳一郎著　ダイヤモンド社／『社長はメンタルが9割』押野満里子著　かんき出版

イラスト――小野塚綾子

著者紹介
西沢泰生（にしざわ　やすお）
子どもの頃からの読書好き。「アタック25」「クイズタイムショック」などのクイズ番組に出演し優勝。「第10回アメリカ横断ウルトラクイズ」ではニューヨークまで進み準優勝を果たす。就職後は、約20年間、社内報の編集を担当。その間、社長秘書も兼任。現在は執筆業に専念。
主な著書に、『壁を越えられないときに教えてくれる一流の人のすごい考え方』（アスコム）、『夜、眠る前に読むと心が「ほっ」とする50の物語』『伝説のクイズ王も驚いた予想を超えてくる雑学の本』（以上、三笠書房）、『朝礼・スピーチ・雑談 そのまま使える話のネタ100』（かんき出版）、『名言サプリ』（祥伝社黄金文庫）、『大切なことに気づき、心ふるえる33の物語と90の名言』『コーヒーと楽しむ 心が「ホッと」温まる50の物語』（以上、ＰＨＰ文庫）他。

メールの宛先（＝執筆依頼先）yasuonnishi@yahoo.co.jp

本書は、書き下ろし作品です。

ＰＨＰ文庫　コーヒーと楽しむ　心がほんのり明るくなる50の物語

2021年10月19日　第１版第１刷
2022年11月10日　第１版第４刷

著　者　西　沢　泰　生
発行者　永　田　貴　之
発行所　株式会社ＰＨＰ研究所
東京本部　〒135-8137　江東区豊洲5-6-52
ビジネス・教養出版部　☎03-3520-9617（編集）
普及部　☎03-3520-9630（販売）
京都本部　〒601-8411　京都市南区西九条北ノ内町11

PHP INTERFACE　https://www.php.co.jp/

組　版　株式会社PHPエディターズ・グループ
印刷所
製本所　図書印刷株式会社

 ISBN978-4-569-90166-4

PHP文庫

大切なことに気づかせてくれる33の物語と90の名言

西沢泰生 著

読むだけで心の霧が晴れていく！　漫画の名シーンから偉人が残したエピソードまで、仕事と人生の指針にしたい心震える物語と名言が満載。

PHP文庫

トップアスリートたちが教えてくれた胸が熱くなる33の物語と90の名言

西沢泰生　著

高橋尚子、イチロー、カール・ルイスなど、古今東西の有名トップアスリートたちの胸が熱くなる物語と知られざる名言を紹介する一冊！

PHP文庫

コーヒーと楽しむ　心が「ホッと」温まる50の物語

西沢泰生　著

コーヒーが冷めないうちに読み切ることができるショートストーリー。ベストセラー作家が贈る、疲れた心に効く、真実の物語50を収録。